Negociação

Blindagem contra manipulações

A falácia do ganha-ganha

HARCORE

Autor: Mauricio Furtado

Negociação: Blindagem contra manipulações
A falácia do ganha-ganha

1ª Edição

A 1ª edição traz abordagens emocionais e racionais com foco em ampliar a capacidade em definir as próprias negociações e principalmente não ser manipulado por outros.

ISBN: 9798863508245

Publicação Independente

Nota do Autor

Negociar é saber se posicionar em relacionamentos, contudo em um ambiente comercial compreender racionalmente o rumo de uma negociação antecipa estratégias e planos.

Este livro foi escrito para qualquer profissional que busca aprimorar sua capacidade emocional e analítica em negociações comerciais.

Mauricio Furtado

Indice

Carlos Mauricio Furtado

[Introdução] A falácia do "ganha-ganha"

"A falácia da falsa analogia é frequentemente usada para fazer argumentos simplistas parecerem mais persuasivos do que realmente são."

Em 1983, Freddy Heineken, o proprietário da cervejaria Heineken, foi sequestrado na cidade de Amsterdã, juntamente com seu motorista Ab Doderer por quatro sequestradores, e ficou em cativeiro por 11 dias. Os sequestradores exigiram um resgate de 35 milhões de dólares, equivalente a 14 milhões de dólares, e após uma série de negociações com a polícia, o resgate foi pago, e Heineken e Doderer foram libertados. Os sequestradores prepararam cuidadosamente o esconderijo para as vítimas e negociaram diretamente com a polícia e os familiares. No entanto, a falta de preparação da polícia em lidar com o sequestro e a falta de comunicação eficaz entre a equipe de negociação e a polícia resultaram em um plano de backup, no qual o resgate foi pago sem a supervisão e autorização da polícia. Isso impossibilitou a captura dos sequestradores. As negociações de reféns contextualizam um ambiente hostil, com perdas desproporcionais para ambos os lados, tornando as negociações comerciais triviais em comparação. Enquanto as negociações de reféns lidam com vida e morte, as negociações comerciais lidam com mais ou menos lucro.

Negociar com oponentes que aparentemente não têm nada a perder dificulta o entendimento do conceito de "ganha-ganha", tornando-o uma falácia, uma ilusão aos olhos daqueles que tiveram maior êxito na negociação. No caso de Freddy Heineken, poder-se-ia dizer que houve um resultado de "ganha-ganha", pois os sequestradores conseguiram os 14 milhões de dólares que pretendiam, e o Sr. Heineken saiu ileso. Contudo, para espectadores externos, os sequestradores deveriam ter sido presos, ou talvez eles pudessem ter exigido um valor maior, dada a fortuna bilionária da família Heineken. O fato é que a negociação "ganha-ganha" envolve expectativas, emoções, valores e preconceitos em um ambiente complexo, geralmente cercado por irracionalidade, apegos e contexto histórico. Nesse cenário, para que haja um ganhador, é necessário que haja um perdedor.

Quando a perda é resultado de fraude ou má fé, é emocionalmente difícil compreender o conceito de "ganha-perde". Isso ocorre, por exemplo, quando uma empresa oferece um salário abaixo da média do mercado para um candidato desempregado, ou quando um comprador se aproveita da urgência e da dificuldade financeira do vendedor para adquirir um imóvel por um valor abaixo do mercado. Da mesma forma, uma distribuidora que aumenta desproporcionalmente os preços ao perceber a escassez de determinada matéria-prima no mercado também se encaixa nesse cenário. A economia tradicional trata a relação entre oferta e demanda como uma ciência que define um preço de equilíbrio quando as curvas se desequilibram. A ganância humana e corporativa sempre buscará oportunidades que permitam inclinar acordos em situações de "ganha-perde", rotulando-os como "ganha-ganha".

Na ausência de razão, é possível considerar um desempregado como um ganhador quando comparado a não ter nenhum salário. Da mesma forma, é possível reconhecer a boa fé no comprador de imóveis que adquire um imóvel abaixo do valor de mercado e possibilita ao vendedor quitar suas dívidas. Além disso, é possível perceber o distribuidor como um parceiro de negócios que, ao vender a matéria-prima por preços desproporcionais, ajuda o cliente a atender às demandas de seus próprios clientes. O conceito de "ganha-ganha" é apenas um ponto de vista quando não há racionalidade atribuída aos acordos.

Autores e negociadores do FBI, especializados em negociações com reféns, reconhecem uma situação de "ganha-ganha" quando ambas as partes sentem que suas necessidades e interesses foram atendidos. Uma negociação de reféns bem-sucedida considera a comunicação eficaz e a construção de confiança como atributos essenciais para a resolução de problemas. Para isso, compreendem a motivação e a flexibilidade dos sequestradores. Por outro lado, os autores de negociações comerciais percebem a cooperação mútua, os relacionamentos estratégicos e os resultados financeiros como a base dos acordos.

Negociações em ambientes comerciais e críticos lidam com emoções e a racionalização das posições. Há uma compreensão do contexto e a capacidade de se adaptar a circunstâncias inesperadas. O livro considera uma negociação comercial e apresenta modelos racionais para definir contexto, posições, emoções e o jogo que leva a um acordo. O conceito de "ganha-ganha" é apresentado com ênfase, onde as partes preparadas têm uma maior chance de compreender um acordo em comparação com as partes guiadas por emoções, hierarquia e manipulação externa.

O livro aborda a negociação por meio de aspectos emocionais, explorando a linguagem corporal, a hierarquia situacional, a irracionalidade humana e a manipulação cognitiva. Ele também adota uma abordagem racional, avaliando as condições pragmáticas de cooperação, posicionamento e planejamento. Por fim, a negociação é concluída com a definição de acordos e a avaliação se o resultado foi favorável para ambas as partes ou apenas para uma delas.

[Parte 1] Consciência da Emoção

"Até você se torna consciente, o inconsciente irá dirigir sua vida e você vai chamá-lo de destino"

Carl Jung

Em 2010, Adam Neumann trouxe a visão do escritório flexível, uma alternativa viável para empreendedores, startups e profissionais autônomos. A ideia foi bem executada por Neumann, que conseguiu posicionar a WeWork estrategicamente em grandes metrópoles, atraindo o interesse de um grande número de clientes, o que impulsionou o mercado de coworking. O crescimento da WeWork foi exponencial, alcançando escala global, com sedes em Nova York, Londres, São Paulo, Tóquio e Cidade do México. No entanto, o aparente sucesso da WeWork contrastava com a gestão emocional e extravagante promovida por Neumann. A emoção, assim como a racionalidade, é uma característica humana importante, sendo necessário um equilíbrio para garantir consciência e consequências das ações, especialmente quando se trata de negócios. Neumann criou um ambiente emocional em que o crescimento exponencial era sustentado sem o respaldo financeiro adequado, uma vez que o Vision Fund financiava a operação; assim, o fluxo de caixa irrestrito mascarava uma operação não rentável.

Em 2019, a WeWork se preparava para a abertura de capital (IPO) e informações financeiras e contábeis eram exigidas, o que revelou a gestão emocional de Neumann e sua falta de habilidade contábil, gerando desconfiança por parte dos investidores. A IPO foi cancelada devido a preocupações com a saúde financeira da empresa, e Neumann foi afastado do cargo de CEO. O conselho de administração trabalhou para reconquistar a confiança do mercado na WeWork. O valor de mercado da empresa caiu drasticamente, e mesmo sendo o idealizador e executor da WeWork, em um ambiente de mercado financeiro onde consistência, transparência nas demonstrações financeiras e estabilidade são mais valorizados do que gestão arrojada e visão empreendedora, a emoção desempenhou um papel relevante. A emoção desempenhou um papel significativo na criação e no crescimento da WeWork, mas também gerou uma percepção negativa sobre a governança da empresa.

Diversas negociações ocuparam a agenda de Neumann, desde a conhecida prática de persuadir imobiliárias e proprietários a disponibilizar imóveis em troca de participação nos lucros até as negociações com investidores para manter a empresa funcionando com base em fluxo de caixa livre por um longo período, bem como as pressões emocionais devido a diferenças contábeis, gestão de despesas e receitas. A atenção aos números expôs a WeWork a várias fragilidades financeiras, embora, emocionalmente, o público a enxergasse como uma empresa inovadora com um modelo de negócios disruptivo. A emoção precisa se alinhar com a razão para garantir equilíbrio estratégico e estabilidade.

[Capítulo 1] Comunicação não verbal

"Nossas ações são as melhores interpretações de nossos pensamentos"

(John Locke)

Em 2002, Laci Peterson desapareceu e seu marido Scott, ao prestar depoimento à polícia, apresentou um comportamento não condizente. Sua linguagem corporal estava desinteressada, sua entonação e expressão facial eram inadequadas, e ele tratou Laci na terceira pessoa. Isso colocou-o, inicialmente informante, na posição de principal suspeito. A leitura corporal não era uma evidência suficiente para incriminar Scott perante a polícia, porém foi fundamental para desviar a atenção e buscar provas contundentes que comprovassem o conhecimento e envolvimento do marido no crime, o que possibilitou seu julgamento e subsequente prisão perpétua.

O cérebro humano é um captador de estímulos, que se transformam em hormônios com o objetivo de garantir a sobrevivência humana, resultado de milhões de anos de seleção genética natural dos homo sapiens. O medo estimula a musculatura e a visão, liberando hormônios como o cortisol e a adrenalina em quantidades anormais, preparando o corpo para a "luta ou fuga". O cortisol regula o metabolismo, aumentando os níveis de açúcar no sangue, ao

13

mesmo tempo que suprime o sistema imunológico, reduzindo inflamações e facilitando a dilatação das artérias. A adrenalina, por sua vez, aumenta a frequência cardíaca, prepara a musculatura, ativa a visão e inibe o processo digestivo, a fim de conservar energia. Os brônquios se dilatam para permitir maior oxigenação e produção de energia. A combinação de cortisol e adrenalina é um processo subconsciente de sobrevivência que pode prejudicar o sistema imunológico, digestivo e também a função cognitiva.

Um ser humano não consegue suprimir a produção hormonal causada por estímulos externos. Esses estímulos são sinais elétricos enviados ao hipotálamo, que ativa uma resposta de alerta no organismo. O corpo humano é uma máquina de sobrevivência; portanto, estímulos externos como medo, estresse e ansiedade são reconhecidos pela amígdala e pelo córtex pré-frontal, que entendem e reagem tanto a ameaças reais quanto imaginárias. Cada pessoa tem sua própria maneira de absorver esses estímulos, influenciada por experiências, valores e crenças. Em uma negociação, as convenções sociais sugerem que o indivíduo não deve demonstrar medo de um acordo mal-sucedido. No entanto, o corpo não segue essas convenções e de alguma forma revela o medo. Negociadores bem treinados estabelecem melhor autocontrole, força e inteligência por meio da constante ligação entre o consciente e o subconsciente.

A expressão corporal destaca a linguagem não

verbal, sendo uma técnica que identifica percepções inconscientes das emoções da parte contrária. Negociações com uma inclinação para o "ganha-perde" demonstram com mais facilidade emoções pessoais, e assim o medo e o prazer podem ser mais facilmente percebidos. É importante compreender que a linguagem corporal da contraparte não está relacionada apenas ao contexto da negociação, mas também à personalidade do outro lado da mesa. Narcisistas buscam atenção e admiração, logo, compreender quem eles querem impressionar ajuda a entender os próximos passos. Por outro lado, pessoas com transtorno de personalidade borderline são instáveis e impulsivas, então os fechamentos precisam ser mais cuidadosamente planejados. Existem também os sociopatas, que têm uma personalidade antissocial e tendem a demonstrar pouca emoção.

A linguagem corporal é uma das ferramentas em uma negociação e pode ser manifestada de várias formas, como o contato visual, a postura corporal, os gestos e as expressões faciais, bem como a entonação da voz. Cada detalhe é importante, pois servirá como base para abordagens mais assertivas. O contato visual estabelece confiança e construir um ambiente de honestidade é crucial em uma negociação. Portanto, é importante compreender como e quando a contraparte mente. Através da postura corporal, define-se a colaboração, sendo relevante estabelecer formas para que a outra parte se sinta acolhida e demonstre a intenção de cooperar. As expressões faciais definem, em milissegundos, a reação emocional da parte contrária, e gestos de aprovação e reprovação podem ser percebidos. O tom de voz transmite segurança, sendo assim, mudanças na entonação ao discutir argumentos e acordos estão associadas à linguagem não verbal.

Em abril de 2010, foi transmitida ao vivo a negociação entre parlamentares do governo ucraniano sobre a cooperação com a Rússia no arrendamento da base naval em Sevastopol, na Crimeia, por 25 anos. Os parlamentares trocaram socos e empurrões, criando um caos generalizado e demonstrando claramente o conflito emocional na definição dos termos. Para a oposição, o acordo foi visto como uma afronta à soberania do país e à política externa. No entanto, a força política do partido pró-Rússia definiu o cenário de 'ganha-perde', e a Ucrânia assinou um acordo até 2042, beneficiando-se de preços favoráveis de gás natural. Antes de partir para confrontos físicos, a linguagem corporal vai além das micropercepções. A raiva, uma emoção resultante da frustração, revela a fragilidade da oposição ao tomar decisões sobre os interesses da nação.

O comportamento humano foi estudado pelo matemático e psicólogo Clark Hull, que ofereceu associações perspicazes sobre a motivação humana. Em 1943, ele publicou o livro 'Princípios do Comportamento', onde afirmou que a motivação é regulada por um conjunto complexo de fatores.

Os experimentos de Hull eram fundamentados em matemática, permitindo associações numéricas em quatro elementos. O primeiro elemento era o grau de privação, que era central no estudo e classificado em uma escala de 0 a 100. A fome definia o grau de privação, e para Hull, o desconforto da fome intensa motivava indivíduos a fazerem qualquer coisa. O segundo elemento é a força da unidade de impulso, referindo-se ao esforço empregado pelo indivíduo para aliviar a privação. Segundo Hull, um indivíduo apresenta uma força de unidade de impulso maior quando correlacionada à privação. Portanto, esforços significativos são feitos somente quando a privação é proporcional. O terceiro elemento é a probabilidade de sucesso, definindo como um indivíduo relaciona o esforço ao sucesso. Este elemento está ligado à experiência passada, competência e aprendizado. Compreender o que precisa ser feito para aliviar um grau de privação permite a associação com o nível de sucesso, fortalecendo a motivação. O último elemento é a intensidade do comportamento e a magnitude da recompensa, dois conceitos interconectados que se relacionam com o esforço empregado e a recompensa atribuída. A gratificação serve como elemento de prazer nesse contexto. A recompensa é um fator relevante na motivação humana.

Nas negociações comerciais, as descobertas de Hull podem estar relacionadas a complexidades que desafiam o conceito de 'ganha-ganha'. A motivação é individual, já que não há uma entidade corporativa.

Portanto, entender como a motivação opera na contraparte define componentes relevantes para a negociação. A privação pode se manifestar como oportunidades de promoção perdidas ou até mesmo perda de emprego. Nesse conceito, é essencial compreender a demanda da contraparte e associá-la a possíveis privações.

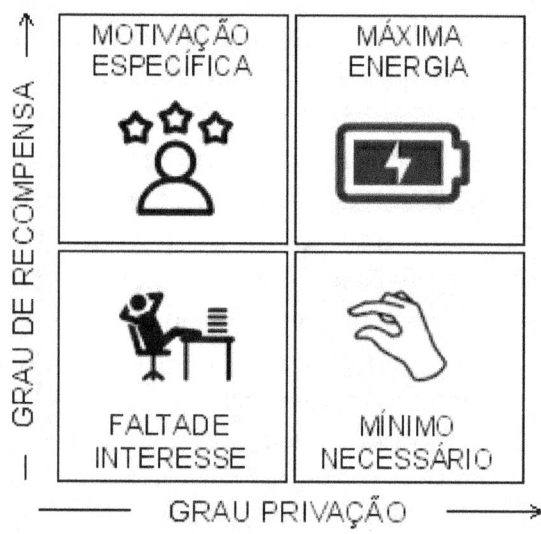

Em uma negociação, é importante compreender as motivações de ambos os lados, antecipando reações emocionais quando uma das partes possui maior poder comercial. A motivação leva em conta privações e recompensas, e em uma empresa composta por indivíduos emocionais, entender como a empresa reage em circunstâncias desfavoráveis é importante para definir o tom da negociação. A privação envolve a incapacidade da empresa de atender às demandas das contrapartes e reações controversas motivadas por aspectos emocionais. Um fornecedor pode suspender entregas se o cliente não pagar o aumento solicitado, assim como o cliente pode atrasar pagamentos aos fornecedores para gerenciar escassez de caixa. Ações unilaterais, que não permitem espaço para negociação, podem gerar conflitos emocionais entre as partes, resultando em condições comerciais e jurídicas desfavoráveis para ambas.

O psicólogo americano Abraham Maslow propôs uma hierarquia de necessidades em 1954 que se alinha bem com as privações e pode ser associada a negociações comerciais desafiadoras. Maslow categorizou a motivação e a privação em níveis hierárquicos de necessidades, começando pelas necessidades fisiológicas, seguidas por segurança, pertencimento, estima e auto-realização. Em negociações difíceis, as condições emocionais dificultam acordos, e os negociadores que representam uma empresa devem entender as motivações que limitam as decisões e construir confiança para que um acordo "ganha-ganha" possa ser alcançado. Associar emoção e privação no contexto de uma corporação não é trivial, pois muitos fatores entram em jogo. No entanto, avaliar as reações permite moldar caminhos apropriados que facilitem um acordo.

Maslow considera a primeira camada, necessidades fisiológicas, como uma camada de sobrevivência, e empresas inseridas nessa camada são motivadas por questões básicas, como fluxos de caixa. Em novos negócios, essas empresas buscam oferecer as melhores condições, mas em acordos em andamento, podem tentar alterar acordos pré-estabelecidos. A privação de fluxo de caixa gera situações emocionais que podem definir um estado de "lutar ou fugir". Negociadores e líderes empresariais nessa camada exibem linguagem corporal agressiva, pois decisões rápidas que beneficiem o fluxo de caixa são necessárias.

A segunda necessidade de Maslow, a necessidade de segurança, é uma camada de estabilidade, onde as empresas buscam clientes e/ou fornecedores estabelecidos no mercado. Compreender o contexto do negociador e desconsiderar ofertas comerciais em prol de parcerias de longo prazo é crucial. Negociadores exibem linguagem corporal mais flexível e aberta, buscando opções que possibilitem um acordo, desde que a contraparte seja representativa na indústria.

A terceira necessidade de Maslow, a necessidade de pertencimento, é uma camada de crescimento, onde as empresas estão no processo de expansão e engajam em acordos associados ao crescimento. Negociadores nesse cenário exibem linguagem corporal ansiosa, oferecendo negociações atrativas para fechar transações. Em negociações com fornecedores, usar o crescimento como argumento para melhores condições comerciais é comum. Quando empresas situadas na terceira camada se encontram, acordos devem ser promovidos.

A quarta necessidade de Maslow, a necessidade de estima, é uma camada de reputação, onde empresas estabelecidas ou aquelas com princípios e valores fortes buscam o reconhecimento da marca. Nesse processo, relacionamentos comerciais e acordos são definidos com base em pré-requisitos relacionados a como a empresa deseja ser percebida pelo mercado. Negociadores exibem linguagem corporal presunçosa, associando ofertas a um propósito. Nessa camada, o processo de fechamento é mais lento, e as contrapartes precisam alinhar-se aos pressupostos de parceria estabelecidos.

Em uma negociação comercial, mesmo que o foco

esteja em acordos, é importante compreender o contexto mais amplo. A noção de motivação e privação da contraparte define como a negociação será estabelecida e pode ser entendida por meio das reações corporais dos negociadores. A teoria da motivação sugere que as empresas, compostas por indivíduos, têm uma necessidade inata de evitar a dor e buscar o prazer. A leitura emocional em negociações comerciais é uma base importante para uma comunicação assertiva. A comunicação eficaz ativa a motivação e o desejo de alcançar o objetivo. A motivação é destacada pela privação (dor). O medo é um sentimento associado ao processo de negociação desde a oferta inicial até o fechamento. Há motivação quando a contraparte percebe que pode perder um negócio para um concorrente, assim como há motivação para fechar um novo contrato com um novo cliente. Além da motivação corporativa, há a motivação pessoal, que interage com o reconhecimento interno. Acordos bem-sucedidos fortalecem a motivação individual, onde o nível de esforço para concluir uma negociação é ampliado pela expectativa de recompensa.

A linguagem corporal busca entender a motivação da contraparte, associando aspectos relevantes que moldam a negociação. Os contextos de privação e necessidades, representando dor e prazer, interagem com diversos sentimentos que podem ser explorados por meio da postura corporal, tom de voz e micro expressões faciais. A linguagem corporal sintoniza o momentum, que define a motivação e desperta o interesse por um acordo. É importante compreender os limites comerciais da contraparte sem forçar uma situação que possa motivá-la a sair da mesa de negociação. Correlacionar medo, frustração e felicidade com as opções apresentadas na mesa de negociação permite a calibração em direção a um acordo. As opções devem ser lógicas e desafiadoras, garantindo uma comunicação efetiva. Por exemplo, diante de uma oferta mais baixa no mercado, é possível desafiar fornecedores atuais a reduzir preços, mas a linguagem corporal sugerirá uma inclinação para a calibração.

Em empresas focadas em sobrevivência e segurança, opções racionais que impliquem risco nos negócios são recebidas de forma defensiva. A linguagem corporal se traduz em encolhimento do corpo, ombros curvados, pernas e braços fechados, barreiras físicas e maior distância, indicando reações esperadas. O medo de perder negócios se manifesta através de olhares evasivos e mãos trêmulas. Percebe-se desconforto e desconfiança em relação ao desfecho. Na leitura da linguagem corporal de medo, sob pressão comercial, a respiração acelerada, movimentos bruscos e tom enérgico podem ser observados. Isso acontece porque a adrenalina prepara o indivíduo para "lutar". Em situações extremas de pressão comercial, no contexto de sobrevivência e segurança, podem ser percebidos olhos vermelhos e pupilas dilatadas. Por mais racionais que sejam os argumentos, a contraparte está emocionalmente envolvida, e a negociação precisa suavizar as condições emocionais para buscar um acordo "ganha-ganha".

Em empresas que buscam pertencimento e estima, opções comerciais que não estejam alinhadas com os objetivos da contraparte são recebidas com frustração. No entanto, negociadores que representam empresas nessas situações mantêm uma atitude positiva e buscarão situações que permitam um acordo. A linguagem corporal transmite tranquilidade, com postura aberta e contato visual. Como não há pressão comercial, gestos suaves e confortáveis indicam motivação para alcançar um acordo, mesmo que a oferta inicial não seja adequada. No entanto, se não houver progresso, a frustração deve prevalecer. A frustração prepara o indivíduo para a "fuga", e a impaciência toma conta da negociação. Uma expressão facial fechada, um olhar hesitante e postura tensa demonstram que a contraparte perdeu a motivação para buscar um acordo. Isso se intensifica com suspiros profundos e postura defensiva, como cruzar os braços. Uma negociação em que a contraparte está frustrada não levará a lugar algum. Portanto, prestar atenção à linguagem corporal e retomar a comunicação eficaz é importante. Nesse caso, ouvir e compreender as opções da contraparte, buscando calibrar as opções para atender necessidades específicas e trazer a motivação de volta à mesa de negociação.

Um ser humano compreende um ambiente racional quando evitar o medo e buscar o prazer não estão sendo explorados pela outra parte. O 'ganha-ganha' torna-se possível quando os argumentos são sustentados por condições lógicas. Em negociações comerciais, é comum uma das partes não estar preparada para um fechamento, tornando a negociação superficial. Isso pode levar a posturas de medo quando ameaças são articuladas, posturas de prazer quando a força é usada para uma proposta 'ganha-perde' e posturas de frustração quando o tempo investido na negociação é percebido como inútil.

Na negociação comercial, a linguagem corporal que demonstra medo, prazer ou frustração precisa ser recalibrada. Argumentos racionais são a maneira mais eficaz de trazer equilíbrio e ponderação a uma negociação. No entanto, ao perceber que, mesmo diante de fatos lógicos, a contraparte apresenta comportamentos emocionais, é importante revisar a comunicação e como os pontos de vista estão sendo transmitidos.

Summer Redstone, CEO da Viacom, um conglomerado de mídia proprietário da MTV, precisava de fluxo de caixa para adquirir a Paramount. A Blockbuster era uma opção ideal, mas era necessário negociar com John Antioco, conhecido como um negociador emocional e justo, com abordagem 'ganha-ganha', desde que as negociações estivessem de acordo com suas expectativas. A negociação relatada por Summer estava cheia de altos emocionais. Antioco saía da sala de reunião aparentemente frustrado e simulava esperar o elevador sem nem mesmo apertar o botão. Summer percebeu que isso era uma tática emocional, indicando que o que já tinha sido oferecido era aceitável, e as táticas emocionais de Antioco visavam apenas impulsionar o acordo. Encerrar uma reunião sem motivo lógico, revisar exaustivamente pontos iniciais já acordados e criar um senso de urgência de que o acordo pode ser cancelado traz frustração. Summer precisou interpretar os movimentos da contraparte para se adaptar ao resultado sem se envolver emocionalmente. Paciência e inflexibilidade em relação à proposta inicial transferiram a pressão emocional para Antioco, que se viu na posição de fechar o acordo ou perder a oportunidade comercial proposta pela Viacom. Em 1994, ambos chegaram a um acordo de $8.4 bilhões, o que impulsionou o fluxo de caixa da Viacom, que tinha como único objetivo adquirir a Paramount, o que foi concluído três meses depois.

A frustração, quando não é bem administrada emocionalmente, transforma-se em raiva, podendo até levar a incidentes como o que ocorreu no parlamento ucraniano, onde a argumentação foi substituída por socos e chutes. Da mesma forma, em situações de reféns, a frustração em chegar a um acordo muitas vezes resulta em operações de choque. Nas negociações empresariais, a frustração frequentemente leva ao encerramento prematuro e à busca por alternativas.

Foi John Dollard quem propôs uma teoria de frustração-agressão em 1939, sugerindo que desejos não satisfeitos desencadeiam emoções negativas. Como resultado, conflitos interpessoais, como recusa em cooperar e atitudes inflexíveis, se manifestam na linguagem corporal.

Negociadores precisam constantemente lidar com a frustração em um contexto onde habilidades de comunicação e resolução de conflitos são essenciais para se adaptar à dinâmica do comércio, evitando armadilhas que levam a comportamentos agressivos e negociações ineficazes. A teoria de Dollard sugere que entender as expectativas depositadas nos resultados e compará-las com resultados realistas e alcançáveis é fundamental. Outro autor que complementou a teoria de Dollard foi o administrador canadense Victor Vroom. Ele concentrou-se na teoria da expectativa-valor, combinando o resultado com o valor atribuído individualmente e o esforço despendido para alcançá-lo.

A frustração tem conexões com as teorias de Maslow e Hull, embora eles não tenham aprofundado esse aspecto. Ao buscar uma recompensa motivada por privação ou necessidades, há uma correlação direta com as expectativas no momento em que o esforço é investido. A frustração é ampliada quando as expectativas são muito altas e o resultado fica aquém. Por exemplo, a Viacom poderia ter perdido a oportunidade de adquirir a Paramount se a Blockbuster tivesse sido inflexível. Da mesma forma, o parlamento ucraniano não teria escalado para confrontos físicos se as expectativas estivessem melhor calibradas.

A cooperação estabelecida pela falácia do 'ganha-ganha' é irrelevante nos casos mencionados acima. A Viacom estava exclusivamente interessada na Paramount, com a Blockbuster atuando como facilitadora do acordo. A Blockbuster estava enfrentando prejuízos recorrentes, tornando um acordo que fortalecesse a marca atraente. No caso dos parlamentares ucranianos da oposição, o interesse deles era um país livre, sem evidências de presença militar russa em seu território. No entanto, os parlamentares pró-Rússia precisavam defender os interesses da Rússia, especialmente considerando que o Mar Negro representava a única rota marítima da Rússia para o mundo.

A frustração motivada por expectativas irracionais molda comportamentos e cultura organizacional. Negociadores que entendem a motivação com base em resultados esperados conseguem ligar condições emocionais a um acordo específico. O tamanho da recompensa pode estimular mais esforço da contraparte, gerando expectativas mais altas. Quando essas expectativas não são atendidas, surge a frustração. A frustração é uma resposta emocional natural que surge quando as expectativas de uma pessoa não são atendidas. Ela resulta de um evento específico ou de um objetivo não alcançado, muitas vezes desencadeando perdas significativas. Reações emocionais como raiva, tristeza, decepção e desesperança estão associadas à teoria da justiça, que postula que as pessoas avaliam a distribuição de recursos e recompensas com base em critérios de justiça e equidade.

Nas negociações corporativas, um negociador lida com expectativas internas e externas ao interagir com clientes ou fornecedores, bem como com a diretoria e os tomadores de decisão. Experimentar um estado de frustração é comum, e é racional recuperar a compostura nesse estado emocional.

Lidar com frustrações em negociações desafiadoras envolve antecipar as expectativas da contraparte externa e dos tomadores de decisão internos. Como resultado, promover uma comunicação aberta, demonstrando posições de privação e necessidade, bem como a possibilidade de recompensas, assegura uma compreensão mais assertiva de um acordo específico. Quando a racionalização de ações e resultados não é clara, a procrastinação é acionada como uma forma de evitar resultados inesperados. A insatisfação emocional entre os tomadores de decisão, que têm dificuldade em racionalizar negociações, torna o processo improdutivo e desmotivador. O negociador precisa compreender o resultado, levando em consideração a privação, a necessidade e as recompensas para o negócio. Ao racionalizar resultados, discussões emocionais são evitadas, focando a atenção em como apresentar resultados sem desencadear reações emocionais das partes internas e externas.

A comunicação não se destaca apenas por meio de relatórios ou apresentações de resultados à diretoria. Embora possa parecer coerente, isso não é como Albert Mehrabian compreendia a comunicação eficaz. De acordo com Mehrabian, 55% do impacto da comunicação eficaz reside na linguagem corporal do interlocutor. Por exemplo, durante a Eurocopa de 2021, após a partida entre Portugal e Hungria, Cristiano Ronaldo retirou as garrafas de Coca-Cola da sua frente durante uma coletiva de imprensa e declarou "água". Essa ação, com duração inferior a 10 segundos, lançou uma luz negativa sobre a marca, resultando em críticas na mídia e nas redes sociais. Como consequência, o patrocinador da Eurocopa vivenciou tensão e desconforto. Cristiano Ronaldo utilizou a comunicação não verbal ao remover as garrafas de Coca-Cola do seu campo de visão e pronunciar "água". Esse gesto resultou em uma perda de valor de mercado de 4 bilhões de dólares para a

Coca-Cola devido à venda de ações.

A linguagem corporal e a entonação desempenham papéis cruciais na comunicação com o intuito de convergir negociações em resultados. O modelo de Mehrabian comprova que a comunicação não se resume apenas a palavras, mas abrange ações, especialmente entonação e linguagem corporal. De acordo com Albert Mehrabian, o modelo 7-38-55 estabelece três elementos principais para garantir uma comunicação assertiva: o primeiro elemento refere-se às palavras (7%), o segundo elemento envolve o tom de voz (38%) e o terceiro elemento abrange a linguagem corporal (55%). Um negociador deve formular argumentos e propor opções utilizando o modelo de Mehrabian, comunicando com confiança, onde postura e entonação são levadas em consideração. A linguagem corporal específica se torna evidente, como uma postura ereta, contato visual constante, gestos controlados, expressões faciais compostas e domínio do espaço utilizado. Engajar-se em negociação com um indivíduo confiante implica ter o espaço pessoal respeitado ao mesmo tempo em que se experienciam sentimentos de acolhimento e intimidação. A linguagem corporal deve ser acompanhada por uma entonação adequada, caracterizada por um tom de voz estável, discurso pausado, volume apropriado e ênfase controlada, o que acaba tornando as negociações agradáveis e confiantes."

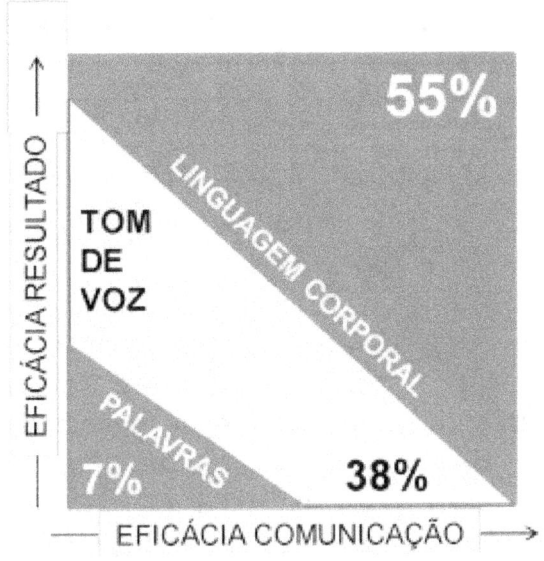

Em 2018, a seleção brasileira de futebol foi eliminada pela Bélgica com um placar de 2 a 1 nas quartas de final, o que representou um evento negativo para o time brasileiro. No entanto, o técnico Tite, durante a coletiva de imprensa, comunicou-se com a mídia com postura ereta, olhar concentrado e tom de voz firme. Sua narrativa estava centrada na construção de um time forte para 2022, e a mensagem, aliada à sua linguagem corporal confiante e tom seguro, trouxe esperança para os torcedores. Tite incorporou em sua estratégia de comunicação a ideia de resiliência, aprendizado com os erros e preparação. Enquanto a mensagem era simples, foi a comunicação não verbal que trouxe conforto. O reflexo dessa coletiva de imprensa garantiu a Tite mais quatro anos como treinador da seleção.

Quando a comunicação não verbal não é percebida ou treinada, slides de PowerPoint não serão suficientes para capturar o interesse da contraparte. Em um cenário de comunicação "ganha-ganha", ambas as partes estabelecem um ambiente de confiança e respeito. Sorrisos genuínos, espelhamento sutil, inclinação do corpo para frente e postura aberta, juntamente com um tom de voz calmo e amigável, pausas estratégicas, palavras positivas e validação de que estão seguindo o caminho correto, tudo isso é perceptível. O processo de negociação muda quando se lida com uma situação de "ganha-perde". Se você se encontra na posição desvantajosa, o desconforto é evidente. A contraparte pode pressionar por um fechamento "ganha-ganha", mas evita o contato visual, muda repentinamente a postura, toca o rosto repetidamente, exibe gestos excessivos e descoordenados, fala com um tom robótico e exibe uma voz trêmula com hesitações nas respostas. Claramente, a comunicação não verbal da contraparte espelha sua linguagem corporal e tom de voz.

Ao incorporar a comunicação não verbal e o tom no contexto da negociação, considerando privações e recompensas, atribuindo emoções como medo, prazer e raiva provenientes de necessidades e expectativas construídas, o estado emocional deve ser reconhecido e gerenciado. Racionalizar emoções ajuda a compreender o progresso de uma negociação. Em situações dominadas pelo medo, é essencial desenvolver opções que coloquem ambas as partes em condições coerentes. Se o prazer é o sentimento predominante, é importante avaliar se a contraparte se sente pressionada por um acordo específico. A comunicação não verbal oferece pistas que permitem antecipar blefes e ações desonestas. As opções apresentadas devem colocar a negociação em um estado de equilíbrio emocional, evitando a frustração devido a expectativas falsas. A motivação de ambos os lados deve ser mantida viva, portanto, entender as necessidades e privações é crucial, e as opções devem ser elaboradas considerando esses aspectos em correlação com o esforço e a recompensa atribuída.

Cooperar traz vantagens emocionais para perceber melhor o ambiente, pois as opções visam resultados justos. No entanto, opções justas podem ser distorcidas na mesa de negociação pela contraparte, que recorre à força para um acordo "ganha-perde". Nesse ponto, a frustração não deve prevalecer; a razão precisa dominar, entendendo que a preparação fortalece o posicionamento e pode reverter a situação com argumentos coerentes, acompanhados por uma postura e um tom confiantes.

A influência emocional que afeta a linguagem não verbal em uma negociação está relacionada à interação entre o inconsciente e o consciente. Sigmund Freud foi quem abordou as emoções primárias e a consciência humana. Para Freud, qualquer ser humano é suscetível a ser influenciado por emoções primárias quando não desenvolve habilidades conscientes ao interagir com o ambiente externo. As emoções primárias são inconscientes e controladas pelo ID, que representa os impulsos, instintos e desejos orgânicos, e são ativadas pela amígdala cerebral. A impulsividade é controlada pela consciência, que é regulada pelo córtex pré-frontal e é definida por Freud como instâncias do ego e superego. As instâncias da consciência carregam valores aprendidos na sociedade e percepções próprias sobre o ambiente externo. Indivíduos com consciência conseguem controlar a fala e ações, mesmo sob grande pressão do ID, construindo assim a personalidade.

O ego desempenha um papel relevante na mediação da impulsividade, e mesmo quando ocorre exposição da linguagem corporal, é possível adaptar-se à impulsividade quando a construção consciente que afeta a personalidade do indivíduo está bem desenvolvida. O ego não atua sozinho e depende do superego para estabelecer padrões morais, censura e toda a carga moral atribuída a um conjunto de crenças definidas pela sociedade e pelas relações humanas. A constante comunicação entre o ID, ego e superego em uma negociação comercial permite associar medo e prazer à consciência, determinando se o corpo irá demonstrar reações ou buscará autocontrole. Por exemplo, um indivíduo pode sentir medo de se apresentar em público, mas ter a habilidade de não mostrar a pressão do ID devido à capacidade do ego em ajustar o comportamento perante a sociedade, o que se traduz em reputação.

Na análise da linguagem não verbal, é possível identificar padrões comportamentais determinados pela ineficácia ou inexperiência do ego e superego em lidar com a impulsividade do ID. Um negociador pode mentir e acreditar que a outra parte não percebeu, porém ao mentir, hormônios são ativados para lidar com o medo de ser descoberto. Isso pode desencadear movimentos inconscientes primitivos, preparando o indivíduo para a luta ou fuga, como sudorese, fechamento dos punhos, dilatação das pupilas e aceleração dos batimentos cardíacos. O superego determina quando a fala e ações estão em desacordo, mesmo com o controle consciente e habilidoso do ego, é possível que em situações de fuga, o superego reforce um comportamento resiliente de permanecer firme ou revele atitudes dissimuladas.

Na impulsividade da raiva, causada pela frustração de um acordo com expectativas elevadas e privação, o ID, ego e superego irão influenciar como um negociador reagirá perante a outra parte. Isso pode variar desde uma reação agressiva descontrolada até um controle emocional total, acompanhado de cordialidade. No entanto, a amígdala processa a raiva e somente não assume proporções desmedidas porque o ego e o superego auxiliam o indivíduo na interação consciente com o ambiente. A psicanálise de Sigmund Freud possibilita o desenvolvimento de habilidades que minimizam uma comunicação não verbal acentuada. Para isso, a experiência, reflexão consciente e treinamento para reações emocionais possíveis podem fazer com que um negociador, mesmo sob impulsividade, não apresente um comportamento incoerente, dificultando assim a leitura externa. A habilidade de um negociador guia ações através da integração do ID com o ego, com base em valores e princípios determinados pelo alter ego. Uma personalidade alinhada com valores morais determina relacionamentos de longo prazo, confiança e transparência, minimizando a irracionalidade e a manipulação.

O ser humano cria seus próprios preceitos emocionais, buscando racionalizar uma nova situação, o que causa ansiedade. A ansiedade pode ser classificada como realista, neurótica e moral, que independentemente do fundamento lógico traz reação emocional em cadeia e define ações de contra-ataque. Em 1939 os EUA lançaram o "projeto Manhattan" ao confirmar avanços nazistas sobre a tecnologia da bomba atômica. Uma ansiedade realista de uma reviravolta nazista na guerra sob o domínio da tecnologia atômica fez os EUA investir capital sem precedentes, trazendo as mentes mais brilhantes da ciência, como os húngaros Edward Teller e John von Neumann, o italiano Emilio Segrè, o polonês Emilio Segrè e os americanos Richard Feynman e Hans Bethe, liderados por Robert Oppenheimer. Contudo o desenvolvimento da bomba atômica trouxe uma ansiedade neurótica quando em posse da tecnologia era preciso mostrar ao adversários o poder bélico. O lideres americanos na época decidiram encerrar a 2ª guerra mundial através de proporções emocionais desumanas quando determinaram o lançamento de duas bombas atômicas no Japão, com intenção racionalizada de que Hiroshima e Nagasaki, duas cidade de alta densidade demográfica, fossem destruídas, definindo a "aversão a perda" para novos ataques caso o Japão não se rendesse. As bombas atômicas mataram imediatamente mais de 150mil pessoas e definiram o fim da 2ª guerra mundial em 9 de agosto de 1945.

[Capítulo 2] Irracionalidade

"A forma mais extrema de irracionalidade é a negação total do que você não gosta"

(Noam Chomsky)

Ricardo Semler e Nick Swinmurn são empresários com abordagens semelhantes em relação à autoridade, embora nunca tenham tido um relacionamento profissional ou pessoal. Ricardo é um empresário brasileiro que revolucionou a Semco ao introduzir abordagens não convencionais para tirar a empresa da falência. Para Semler, a participação ativa dos funcionários nas decisões garantia mais assertividade e mantinha o engajamento para obter os melhores acordos. Nick, um empresário norte-americano, também revolucionou a Zappos com uma abordagem organizacional horizontal, onde as negociações concediam autonomia aos funcionários para acordos, construindo engajamento e foco nos melhores resultados. A autoridade desempenha um papel significativo na negociação, pois, por melhor que seja o negociador, quando é necessária a aprovação de um superior, o 'ganha-ganha' assume outra proporção. A proficiência na comunicação não verbal e a preparação para a negociação se tornam inúteis em um cenário verticalmente hierárquico, capaz de considerar acordos 'ganha-

ganha' como inaceitáveis. Empresas horizontais racionalizam expectativas, permitindo decisões mais rápidas, progresso e compartilhamento dos resultados das negociações, não para aprovação, mas para uma segunda perspectiva. Um negociador deve compreender como as decisões são tomadas em seu lado da mesa e no lado da contraparte. Quanto mais vertical for a tomada de decisão, mais irracional se espera que seja o acordo e menor o engajamento. A motivação assume diferentes formas que precisam ser entendidas para que um acordo seja plenamente aceito.

A influência da hierarquia na tomada de decisão é explicada psicologicamente, onde ordens e expectativas das autoridades têm efeitos significativos no comportamento humano, até mesmo sobrepujando convicções pessoais e morais. Stanley Milgram foi um psicólogo que avaliou a autoridade em experimentos de obediência. Um desses experimentos revelou conclusões alarmantes: os participantes foram instruídos a administrar choques elétricos a um 'aprendiz' quando respondiam incorretamente a perguntas feitas pelo 'professor'. Tanto o 'aprendiz' quanto o 'professor' eram atores, e os choques elétricos eram falsos; a figura de autoridade era representada pelo 'professor'. O professor fazia uma pergunta ao aprendiz, e se o aprendiz respondesse incorretamente, o participante era autorizado pelo professor a administrar choques no aprendiz, com os choques aumentando após cada rodada de perguntas. Milgram concluiu que a maioria dos participantes continuaria a administrar choques mesmo quando o aprendiz mostrasse sofrimento, contanto que o professor assumisse a responsabilidade pelos choques administrados. Estruturas hierárquicas organizacionais influenciam decisões, especialmente quando figuras de autoridade definem processos nos quais os resultados das negociações devem ser aprovados. Quando a figura de autoridade acessa e altera os resultados da negociação, há uma condição de obediência presente.

No entanto, a autoridade não carrega apenas uma conotação negativa nos resultados das negociações. Líderes podem alavancar posições e resultados sem impactar a autonomia do negociador. Stewart Clegg, um sociólogo inglês, demonstrou que aqueles com maior poder e status tomam decisões mais arriscadas e são menos sensíveis às perspectivas dos outros, confirmando que a hierarquia promove excesso de confiança e resistência a mudanças de opinião. Stewart revela que os resultados podem ser melhorados quando uma autoridade participa ativamente nos encerramentos. No entanto, Serge Moscovici, um psicólogo romeno radicado na França, investigou como a posição social na hierarquia afeta a capacidade de alcançar resultados favoráveis. Serge confirmou que hierarquias mais altas possuem mais poder e são mais bem-sucedidas em negociações onde a contraparte possui uma posição hierárquica inferior. Por exemplo, um gerente negociando com um diretor tende a ceder e aceitar concessões com mais facilidade do que alguém com uma posição similar ou inferior. Por fim, Richard Daft, um teórico organizacional, introduziu um aspecto interessante ao avaliar como a estrutura hierárquica das organizações afeta decisões, com estruturas horizontais sendo mais rápidas e colaborativas do que as verticais.

A autoridade traz consigo a irracionalidade para as negociações quando há uma abordagem divergente por parte do negociador. Mudanças abruptas nos acordos podem ser observadas quando uma hierarquia vertical assume o controle do processo decisório. É crucial compreender como um acordo comercial negociado será finalizado. Para isso, conhecer a estrutura hierárquica, o fluxo decisório e a cultura organizacional possibilita antecipar a irracionalidade e construir estratégias pertinentes.

Quanto mais hierarquizada for a decisão, mais lenta e, possivelmente, mais irracional ela pode se tornar. Algumas empresas utilizam a hierarquia como tática para atrasar acordos de aumento de preços e para adicionar condições extras após um acordo que aparentemente já havia sido fechado. Quando se percebe um padrão de irracionalidade em mudanças nos acordos previamente estabelecidos, a influência da autoridade é evidente. Isso gera efeitos negativos nos resultados, possíveis frustrações emocionais, procrastinação nas definições e avanços importantes, além de resultar em baixa motivação por parte do negociador representante, devido à pouca autonomia em relação a um acordo comercial.

Quando nos deparamos com uma situação em que a contraparte não detém autonomia decisória e acordos firmados são alterados devido à influência de uma autoridade interna, caracteriza-se um cenário de 'ganha-perde'. Nesse contexto, é importante racionalizar o processo e usar essa situação para reavaliar a condição de perda. Em organizações onde a centralização decisória é mais presente no alto escalão hierárquico, é relevante agendar a última etapa da negociação em uma reunião na qual os tomadores de decisões estejam presentes. Buscar um cenário de 'ganha-ganha' com o representante de alta diretoria não é o ideal, dado que mudanças no acordo podem ocorrer. Em modelos verticais, se pode encontrar representantes desmotivados que não buscam acordos 'ganha-ganha', seja por falta de preparação adequada ou por desconhecimento das expectativas da alta liderança. Nesse cenário, dedicar tempo à negociação para entender como as decisões são tomadas tem mais valor do que tentar flexibilizar opções que não são compreendidas pelo negociador. Há um risco em buscar um cenário de 'ganha-ganha' quando a procrastinação na tomada de decisão se torna evidente. Nesse caso, é apropriado trabalhar com uma abordagem de 'ganha-perde', forçando a reunião decisória com a alta liderança, inclusive criando um senso de urgência e estabelecendo prazos para o acordo final.

Em empresas com abordagem horizontal, a dinâmica é diferente dos modelos autoritários, considerando que o negociador também é um tomador de decisão.

Nesse ambiente, o enfoque no 'ganha-ganha' ganha relevância, e a irracionalidade é mais controlável, uma vez que ela é originada do indivíduo. Espera-se que, em organizações horizontais, as negociações sejam fundamentadas em princípios, fundamentos, parâmetros e métricas que guiam as decisões internas. Assim, o negociador compreende os limites de um acordo 'ganha-ganha'. Empresas horizontais tendem a estabelecer processos decisórios que proporcionam autonomia aos negociadores. Compreender como os parâmetros de decisão são definidos garante assertividade, e, mesmo diante da irracionalidade, é possível reverter a situação, graças à compreensão do processo decisório.

A irracionalidade, tanto em empresas verticais quanto horizontais, manifesta-se por meio do comportamento do negociador ou representante. As motivações para um acordo e a comunicação não verbal fornecem indícios de como o acordo se desenvolverá. Incluir um senso de urgência ativa condições emocionais, já que cria uma sensação de perda quando as decisões não são tomadas. A irracionalidade é compreendida quando a comunicação verbal distorce o que foi percebido nas negociações, tanto verbal quanto não verbalmente. O contexto da negociação fundamenta necessidades e expectativas. No entanto, mesmo quando a negociação converge para pontos previamente alinhados, nem sempre há uma definição. Diante da irracionalidade, é comum sentir frustração, pois as premissas decisórias não são compreendidas. No entanto, a irracionalidade pode ser uma estratégia de negociação que testa a reação e a tomada de decisão da contraparte frente a mudanças buscadas. A dissimulação em negociações desafiadoras é perigosa e prejudicial ao relacionamento comercial e ao progresso da negociação. Contudo, em situações em que a irracionalidade e a dissimulação são respaldadas pelo poder da contraparte, é esperado que um cenário de 'ganha-perde' seja adotado para concluir a negociação. Nesse caso, a negociação assume uma abordagem estratégica de longo prazo.

Um exemplo é a aquisição da Time Warner pela AOL em 2000, no processo de fusão. A AOL havia conquistado uma posição de destaque com o advento e crescimento da internet. A motivação da AOL em se tornar uma referência em entretenimento e mídia coincidiu com a oportunidade de adquirir o conglomerado Warner Bros, HBO e CNN. A AOL desembolsou $164 bilhões de dólares para se incorporar à fusão AOL Time Warner, um valor considerado desalinhado com as condições de mercado e com estimativas ultra-otimistas de valorização futura. A AOL estava tão interessada na Time Warner que suas premissas, valores e previsões faziam sentido para a liderança da AOL, mesmo que fosse irracional do ponto de vista dos analistas de mercado. A fusão acabou sendo um fracasso, ampliado pela bolha da internet em 2000 e pela divergência cultural entre as empresas.

Em 2001, a PepsiCo adquiriu a Quaker Oats em um processo de aquisição. Temendo a dominância da Coca-Cola no mercado de bebidas esportivas, a PepsiCo iniciou negociações emergenciais com a Quaker para adquirir a Gatorade e outros produtos. A PepsiCo e a Quaker concordaram com um negócio de $13,8 bilhões em negociações que duraram menos de um ano. A aquisição da Quaker Oats fazia sentido para a liderança da PepsiCo dadas a competição e as expectativas do mercado. No entanto, ela foi avaliada como uma posição irracional motivada pela aversão à perda. A preocupação dos executivos da PepsiCo em perder participação no mercado tornou a aquisição da Quaker Oats coerente devido à exclusiva necessidade de ter a Gatorade no portfólio. A aquisição da Quaker mostrou-se posteriormente um fracasso financeiro devido às dificuldades de integração e ao alto preço da aquisição, resultando em prejuízos e críticas dos investidores.

A irracionalidade é atribuída a fatores emocionais e psicológicos, levando os indivíduos a racionalizarem decisões motivadas por fatores desprovidos de razão. Dan Ariely, um psicólogo comportamental, conduziu uma série de experimentos que demonstraram a irracionalidade na tomada de decisões. Ariely confirmou que as pessoas tomam decisões contrárias aos seus próprios interesses, desafiando a razão. Ele mostrou que as expectativas, emoções, normas sociais e influências externas afetam como tomamos decisões econômicas. Entre os experimentos de

Ariely, a "aversão à perda" e o "efeito de custo zero" são particularmente relevantes em negociações comerciais. Os experimentos de "aversão à perda" demonstram que as pessoas têm uma aversão mais forte à perda do que à atração pelo ganho, resultando em irracionalidade quando enfrentam condições de perda. Os experimentos de "ancoragem de valor" mostram que as pessoas distorcem o valor de algo quando expostas a uma referência arbitrária, levando à irracionalidade na valoração de produtos ou serviços oferecidos.

Nos experimentos de "aversão à perda", Ariely demonstrou a irracionalidade em diversos experimentos, alguns dos quais foram bastante interessantes. Por exemplo, no experimento do "café grátis", os participantes recebem uma xícara de café grátis ou um voucher de desconto. O Grupo 1 deve escolher entre o café grátis ou nada, o Grupo 2 deve escolher um voucher de desconto ou nada, e o Grupo 3 serve como grupo de controle/referência. Os resultados mostraram que o Grupo 1 valorizou mais consumir café do que o Grupo 2, devido à aversão à perda da oportunidade de tomar café grátis. Outro experimento é o "mercado de ações fictício", onde os participantes investem hipoteticamente em ações de uma empresa, que inicialmente caem 50% do preço e depois se recuperam para o preço de compra. Os participantes têm a opção de vender ou manter as ações. A maioria optou por vender para recuperar o dinheiro, indicando que a experiência negativa da perda inicial influenciou a decisão. Outro experimento é o "pipoca de cinema", onde grupos recebem diferentes baldes de pipoca fresca e murcha. O Grupo 1 recebe um balde grande de pipoca fresca, o Grupo 2 recebe um balde médio de pipoca fresca, e o Grupo 3 recebe um balde médio de pipoca murcha. Os resultados mostraram que o Grupo 3 consumiu mais pipoca do que os Grupos 1 e 2—um comportamento motivado pela aversão à perda, onde as pessoas se esforçam para consumir mais pipoca murcha para recuperar emocionalmente um valor hipotético. Nos Grupos 1 e 2, como a pipoca estava fresca, não havia sensação de perda, e, portanto, não havia necessidade de fazer um esforço extra para consumir mais.

A aversão à perda coloca os indivíduos em um estado emocional que os leva a buscar condições psicológicas que tragam uma sensação de ganho. No cenário do "café grátis", as pessoas aceitam café mesmo quando não querem simplesmente porque não querem perder algo grátis. No "mercado de ações fictício", as pessoas vendem ações sem obter lucro porque não querem experimentar a perda anterior novamente. No experimento da "pipoca de cinema", as pessoas consomem algo indesejável para recuperar emocionalmente um valor hipotético. A "aversão à perda" é um impulso irracional que impacta negociadores e corporações a tomarem decisões emocionais em negociações comerciais.

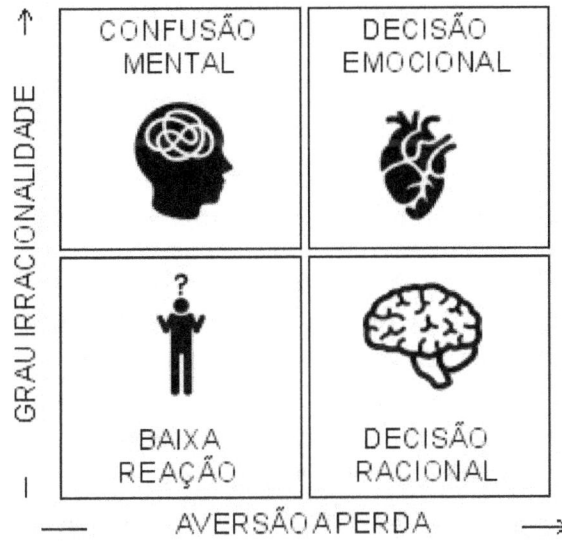

No experimento de 'ancoragem de valor', a irracionalidade foi demonstrada por Ariely em experimentos como o 'preço do vinho', onde eram apresentadas duas opções de vinhos para compra: um com preço normal e outro com preço inflacionado. No entanto, os vinhos eram idênticos. As pessoas degustavam os vinhos e atribuíam notas à qualidade. Os resultados mostraram que a maioria dos participantes avaliou o vinho com preço inflacionado como tendo melhor qualidade e sabor do que o vinho com preço normal. Isso demonstrou percepções irracionais que eram influenciadas por um valor monetário. Outro experimento é o 'salário dos CEOs', onde os participantes eram questionados sobre quanto achavam que os CEOs de grandes empresas deveriam receber como salário anual. No

51

entanto, antes da resposta, o Grupo 1 era exposto a uma referência alta de salários, enquanto o Grupo 2 recebia uma referência relativamente mais baixa. Os resultados mostraram que as pessoas, quando expostas a um valor de referência, tendiam a estimar salários próximos ao valor que lhes foi apresentado.

A ancoragem de valor coloca o indivíduo em um estado emocional que o leva a tomar decisões com base na referência fornecida por terceiros. As pessoas racionalizam e acreditam que sua decisão está correta, mesmo que não seja. É perigoso racionalizar a emoção, pois isso dificulta a compreensão da situação e impede a mudança da crença inicial. No experimento do 'preço do vinho', as pessoas ancoradas em um rótulo de preço mais alto terão dificuldade em admitir que o sabor e a qualidade não diferem do vinho mais barato, porque o preço foi racionalizado em algo tangível. A mesma relação pode ser aplicada ao salário dos CEOs: é mais fácil aceitar a racionalização de que um CEO ganha $10 milhões quando os demais ao seu redor têm salários semelhantes, o que pode até causar reflexos emocionais quando a realidade distorce a racionalização associada à conclusão emocional.

Nas negociações, os negociadores estão sujeitos à irracionalidade, seja pela influência da autoridade ou por influências externas, bem como pela racionalização de emoções influenciadas ou manipuladas por terceiros. Definir princípios e se preparar ajuda a evitar a irracionalidade, mas também é importante estar atento a como a contraparte age, evitando armadilhas emocionais. A emoção é um conjunto de impulsos elétricos e hormonais ativados pelas amígdalas; é um processo complexo entender quando uma decisão está sendo manipulada ou influenciada, pois a motivação causada por estímulos emocionais não considera a razão. Em negociações difíceis, a contraparte pode se posicionar com argumentos de perda e apresentar referências distorcidas para influenciar sua análise. Ao perceber que um acordo ativa condições emocionais, onde medo ou prazer assumem o controle em determinado momento, é sempre importante dar um passo atrás e revisar o processo de negociação estabelecido.

Uma ação ou o potencial de ação são formados fisiologicamente em nosso cérebro através das sinapses. Emoções são processadas como impulsos elétricos e transmitidas por neurônios, sendo liberadas e definindo as sinapses. Uma sinapse é criada quando uma pessoa sorri, mesmo estando triste. Dessa forma, o cérebro precisa criar sinapses que possibilitem mover músculos para produzir uma imagem falsa de felicidade. A irracionalidade se torna perigosa quando a racionalização de uma emoção que corresponde a um comportamento irracional é justificada com lógica.

Racionalizar emoções é um mecanismo de defesa que possibilita lidar com sentimentos complexos. No entanto, isso traz danos ao comportamento humano quando as sinapses são fortemente construídas. A racionalização de emoções leva à supressão de sentimentos genuínos, que se acumulam e causam estresse psicológico. Quando sentimentos internos e comportamentos externos não coesos se adaptam em uma sinapse, ocorre a falsa autenticidade e confusão nas relações interpessoais.

Emoções racionalizadas de forma irracional afetam a tomada de decisões, pois desconsideram a razão, uma vez que focam em encobrir sentimentos. O problema em racionalizar sentimentos de forma incorreta, como sorrir em momentos de tristeza, traz tensão interna e comportamento dissimulado. Isso desencadeia ansiedade e define sinapses que dificultam o discernimento em decisões. No capítulo cinco, serão abordadas formas objetivas de lidar com fatos lógicos e de delimitar emoções em um processo decisório.

[Capítulo 3] Influência e Manipulação

"Quando você percebe que está sendo manipulado, você já está no caminho para a liberdade."

Vernon Howard

Na década de 1920, Charles Ponzi apresentou um método que garantia retornos de 50% em 45 dias por meio da compra e revenda de cupons postais internacionais. Charles racionalizou seu método alegando que a discrepância de preços entre cupons postais de diferentes países possibilitava retornos extraordinários. O método de Ponzi fazia sentido para as pessoas que investiam seu dinheiro, e milagrosamente viam seus investimentos aumentarem em 50% após 45 dias, o que confirmava a eficiência do método proposto. Contudo, o método dos cupons não passava de um esquema fraudulento de investimento, que envolvia pagar retornos com o dinheiro obtido dos novos investidores. O esquema de Ponzi, caracterizado por uma pirâmide, não gera lucros legítimos e depende sempre de novos participantes para se sustentar, logo investidores antigos eram recompensados quando novos investidores depositavam seu dinheiro na esperança de obter retornos estratosféricos. Esse processo de manipulação é ainda visto, e surpreendentemente ainda apresenta resultados, devido à ganância e às condições emocionais humanas.

O modelo de pirâmide é crime, porém mostra quão suscetíveis as pessoas são à manipulação. Um caso recente foi o de Bernie Madoff, que operou entre 1990 e 2008 um dos maiores e mais famosos esquemas Ponzi da história. Madoff foi capaz de atrair investidores ricos e inteligentes com a retórica de retornos consistentemente melhores que o desempenho do mercado. No entanto, em 2008, o esquema veio à tona após a crise financeira e Madoff foi descoberto e condenado a 150 anos de prisão. Golpes Ponzi são recorrentes e atuam através de gatilhos emocionais como pressão social, senso de urgência e aversão à perda. Os golpistas ganham confiança quando o que é prometido é entregue, construindo uma crença reforçada.

A manipulação e a influência seguem uma linha tênue, diferenciando-se pela intenção de quem está exercendo a influência. Influenciadores buscam o "ganha-ganha", enquanto manipuladores reconhecem a existência do "ganha-perde". A influência se baseia em princípios éticos e morais. Mesmo quando há um "ganha-perde", o vencedor se baseia em princípios moralmente reconhecidos, como ocorre em casos de guerra, independência e direitos. Manipular significa compreender os gatilhos emocionais que influenciam as pessoas em benefício próprio, como foi aplicado por Ponzi e Madoff. A influência busca patamares cooperativos e igualitários, pautados por padrões justos. Exemplos notáveis incluem Gandhi, Martin Luther King e Nelson Mandela.

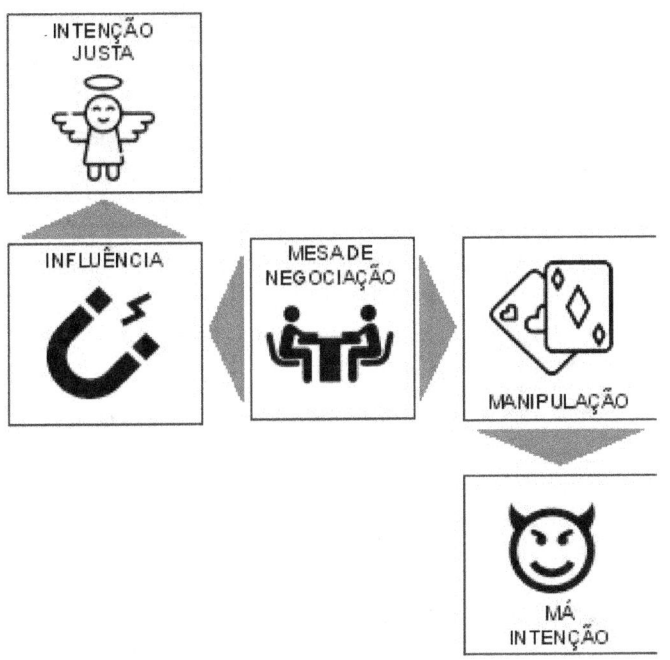

Em negociações, a manipulação e a influência não ocorrem necessariamente à mesa de negociação, mas nos bastidores. vendedores e compradores procuram influenciar suas decisões, trazendo argumentos e utilizando efeitos comportamentais que despertam emoções e fornecem influência. O ser humano será sempre influenciado em negociações comerciais como parte do processo de flexibilização. No entanto, é importante identificar se não há manipulação e se a decisão não levará a um beco sem saída.

Os sete pecados capitais são formas de categorizar quando uma influência ou manipulação está sendo aplicada. No século IV, o Papa Gregório I codificou a manipulação em pecados baseados em vícios e tendências comportamentais. Este livro não tem intenção religiosa, mas a abordagem de Gregório I foi genial, apesar da ausência de metodologias científicas. O primeiro pecado é a vaidade, que corresponde ao excesso de arrogância e superioridade em relação aos outros. O segundo pecado é a avareza, que representa a ganância excessiva por bens materiais e riquezas. O terceiro pecado é a luxúria, caracterizada por desejos sexuais excessivos. O quarto pecado é a inveja, definida pelo desejo de possuir algo que pertence a outros. O quinto pecado é a gula, focando no excesso de comida ou bebida. O sexto pecado é a ira, onde a raiva descontrolada toma conta do indivíduo. O sétimo pecado é a preguiça, relacionada à falta de diligência e negligência com deveres e responsabilidades. Em negociações, quando não está claro se você está sendo influenciado, avalie através da ótica de Gregório I e perceba se a oferta não exagera de alguma maneira.

Uma negociação não é apenas uma conversa em uma sala de reuniões onde se discutem motivações, necessidades e ofertas. Uma negociação ocorre nos bastidores, nos arredores e no ambiente externo; a reunião é uma formalização do que já está acontecendo na prática. A Índia conquistou sua independência em 15 de agosto de 1947. As negociações foram conduzidas entre representantes do governo britânico e líderes indianos, com destaque para Pandit Nehru. As táticas de negociação envolviam influência e pressão popular, lideradas por Mahatma Gandhi. Sem a capacidade de influência e mobilização da população por parte de Gandhi, é provável que Nehru não teria obtido sucesso. Winston Churchill liderava o Império Britânico e buscava resistir ao máximo à independência. No entanto, a insistência, resiliência e determinação do povo indiano enfraqueceram a soberania do império britânico, que já estava fragilizado pela Segunda Guerra Mundial e não mais sob o comando de Churchill. As negociações de Nehru visando a um acordo foram influenciadas por ações não violentas, respeito e compaixão. Abordagens de desobediência, como greves, marchas e boicotes, exerceram pressão e influência sobre os britânicos em relação às demandas pela independência.

A influência consiste em persuadir a contraparte para além da mesa de negociação, influenciando a racionalização de desconfortos emocionais que motivam um acordo. A influência é uma ferramenta poderosa e, quando percebida de maneira positiva, é inspiradora, motivadora e encorajadora. A manipulação, por outro lado, refere-se à influência de forma enganosa, com o objetivo de obter vantagens individuais. A manipulação distorce informações e se utiliza de gatilhos emocionais para iludir a contraparte. Influência ou manipulação ocorrem simultaneamente às negociações, por meio de argumentos que sustentam consequências. Um negociador pode usar a reputação da empresa, seus valores, a proposta e a posição no mercado para influenciar fornecedores e clientes. A influência assume proporções mais avançadas do que apenas uma oferta comercial. No entanto, um negociador também pode manipular fornecedores e parceiros, abusando de seu poder para manipular a negociação com a prerrogativa de ameaçar com perdas maiores do que as propostas no acordo.

Negociadores habilidosos estabelecem princípios para uma negociação, compreendendo influências externas, relações de poder e possíveis concessões. A negociação define motivações, mas também limites para um acordo, onde um "ganha-ganha" é alcançado quando as partes buscam transparência, cooperação e flexibilidade para adaptar a proposta e progredir para um acordo. Abordagens inflexíveis são irracionais e dificultam um acordo, sendo que a influência, combinada com privação e recompensas, pode permitir que uma postura egocêntrica e inflexível seja moldada de forma mais racional.

A definição dos princípios em uma negociação segue diretrizes relacionadas às expectativas e valores. Inicialmente, os objetivos e interesses próprios são definidos, compreendendo prioridades e limitações. Em seguida, a posição da contraparte é destacada, refletindo sobre as divergências. Posteriormente, o foco é direcionado para os interesses comuns, o que possibilita encontrar a cooperação. Por último, e mais importante, são reconhecidas as divergências, forçando as partes a dedicar tempo e energia para encontrar o melhor ponto comum ou, quando possível, encerrar a negociação. Gandhi e Churchill, apesar de compartilharem princípios comuns de luta contra a opressão, a democracia e a liberdade, divergiam sobre a hegemonia do Reino Unido, sendo um ponto inflexível para Churchill, que precisou recorrer à influência popular.

Negociações difíceis precisam ser pensadas tanto dentro quanto fora da mesa de negociação, principalmente quando divergências escondem a posição da parte contrária. O foco está em buscar soluções para as discrepâncias, onde táticas emocionais de influência tentam flexibilizar as posições da parte contrária por meio de empatia e escuta ativa.

Táticas emocionais de influência não podem ser confundidas com manipulação, não importa quão boas sejam as intenções de um negociador. Goebbels manipulou a população alemã, aproveitando-se das condições emocionalmente fragilizadas de uma sociedade pós-guerra. O Partido Nazista usou a manipulação para garantir apoio popular e eleger Hitler. A comunicação de Goebbels apresentava imagens grandiosas e dramáticas, multidões entusiasmadas, impressionantes desfiles militares e discursos inflamados de Hitler. O objetivo era criar uma imagem poderosa e carismática do líder do partido, enfatizando unidade, força e grandeza. Técnicas cinematográficas e edição assertiva contribuíram para uma atmosfera de reverência e admiração, promovendo ideais nazistas e, assim, manipulando a população alemã. A linha tênue entre manipulação e influência está sempre separada pelo benefício próprio. A retórica do "ganha-ganha" sem benefícios mútuos evidentes é possivelmente manipulação e precisa ser revertida. A manipulação sempre explorará emoções, mascarando as verdadeiras intenções da parte contrária.

Na manipulação, a desinformação é uma tática eficaz, desviando a atenção de fatos racionais e distorcendo a realidade, explorando a vulnerabilidade da parte contrária. Manipuladores forçam acordos desproporcionais quando percebem dependência e aversão à perda. Por exemplo, um fornecedor pode manipular um aumento de preço quando percebe que uma perda desproporcional de receita pode ocorrer se um determinado produto não estiver disponível. Eles podem criar argumentos racionais manipulativos, evitando mencionar a ligação entre aumento de custo e perda de receita.

Na influência, a transparência e os valores acessam as condições de um acordo. Argumentos fornecem confirmação e racionalidade, focando na compreensão mútua. A influência busca prova social, referenciando decisões com base na aprovação de outras pessoas. Portanto, negociar com um indivíduo sem referências externas de opiniões de terceiros torna a influência menos eficaz.

O modelo de negócios da Uber precisava de aprovação regulatória em vários países para funcionar. As negociações eram difíceis, pois os taxistas organizavam protestos e greves, causando caos nas cidades para manipular as decisões regulatórias. A tecnologia da Uber trouxe conveniência aos usuários, preços transparentes, oportunidades flexíveis de emprego para a população, garantindo a segurança dos passageiros, preços justos e uma economia mais equilibrada. Como havia um confronto de mercado em que inevitavelmente os taxistas perderiam, o foco no "ganha-ganha" mudou para a população. A Uber não teria sucesso se tentasse entender os pontos de vista dos taxistas a portas fechadas e convencer reguladores. Era necessário o poder da opinião pública, então era importante influenciar a população sobre os benefícios da Uber. Campanhas de marketing influenciavam os benefícios e educavam a população; descontos em viagens incentivavam os usuários a instalar, se cadastrar e usar o serviço. A pressão política surgiria quando o sistema já estivesse em funcionamento e as autoridades precisassem decidir se o cancelariam. A Uber não esperava aprovação para operar, mas negociava a continuidade legal de sua operação. A Uber aproveitou o caos causado pelas greves dos taxistas para mostrar a facilidade do sistema e atrair mais usuários para sua plataforma. O rápido crescimento da base de usuários fortaleceu a influência da Uber em relação às autoridades regulatórias. A negociação da Uber não ocorreu em uma mesa de negociação, mas fora dela.

O ser humano, ao tomar decisões, utiliza dois hemisférios do cérebro: um é intuitivo e rápido, e o outro é racional e lento. Daniel Kahneman, um psicólogo que comprovou por meio de experimentos como as pessoas processam decisões e como incorrem em irracionalidade em muitos casos devido à praticidade cognitiva de utilizar o hemisfério intuitivo (rápido). As comprovações de Kahneman mostram como as pessoas podem ser facilmente influenciadas ou manipuladas quando insistem em utilizar a intuição. Um experimento chamado de "efeito do pânico" reuniu um grupo de participantes e apresentou um vídeo de uma pessoa caindo em uma piscina com água gelada, solicitando que os participantes avaliassem o quão desagradável foi a situação. Em seguida, era definida uma tarefa em que cada participante poderia optar por uma quantia imediata ou uma quantia maior depois. Os resultados mostraram que os participantes que assistiram ao vídeo e relataram desconforto eram mais propensos a escolher o dinheiro imediato, sugerindo que emoções influenciam a tomada de decisão. Outro experimento chamado de "efeito do viés de confirmação" consistia em descrever uma pessoa fictícia a um grupo de pessoas. Os participantes recebiam duas descrições: a primeira era de uma pessoa introvertida e tímida, e a segunda de uma pessoa extrovertida e confiante. Os resultados mostraram que escolhiam a opção que confirmava suas crenças sobre sua própria personalidade, sugerindo que somos influenciados a optar pelo que é conhecido e parecido conosco. Um terceiro experimento chamado de "efeito de endowment" permitia a opção de vender uma caneca, sendo que um grupo recebia a caneca fisicamente e outro grupo não. Os resultados mostraram que as pessoas valorizam o que já possuem, sendo que a maioria das pessoas do grupo que tinha a caneca preferiu não vender, enquanto o oposto aconteceu em relação ao outro grupo; sugerindo um apego a artigos físicos. Um quarto experimento chamado de "planejamento focalizado" solicitava que os participantes imaginassem com detalhes o ganho de um voucher para um jantar sofisticado. Em seguida, ofereciam duas opções de jantares: o primeiro, um jantar gourmet em um restaurante sofisticado; o segundo, uma refeição simples em um restaurante familiar. Os resultados comprovaram que a maioria optou pelo restaurante familiar, sugerindo que ao imaginar o planejamento detalhado do jantar sofisticado, construíram expectativas desproporcionais, tornando a opção do restaurante familiar mais atraente e segura.

Os experimentos de Kahneman trazem reflexões importantes sobre o comportamento e como nosso cérebro absorve informações e decide, sendo mais relevante o fato de que, na maioria dos casos, optamos por decisões emocionais e intuitivas, sem racionalidade alguma. Em negociações, somos suscetíveis a tomar decisões rápidas, sugerindo uma abordagem emocional baseada em intuição. Decisões rápidas sugerem a utilização do hemisfério intuitivo, um canal de entrada para influência e manipulação. Contudo, existe o hemisfério racional que processa informações com mais lentidão, mas considera mais informações, princípios e coerência. As decisões racionais exigem energia, são lentas e deliberativas, o que força um desvio do cérebro para processamentos mais rápidos e automáticos, o que pode induzir à racionalização de uma emoção. Negociadores precisam padronizar análises e racionalizar ofertas comerciais; a habilidade reflexiva avalia cenários, consequências e opções fundamentadas para um acordo.

Compreender que o processo racional é lento e desgastante confirma que haverá um desvio do cérebro para associações intuitivas, o que demanda que as empresas criem processos decisórios. Dois exemplos citados por Kahneman mostram um desvio tendencioso para o hemisfério rápido. O primeiro exemplo, chamado de "viés de confirmação", pede que você afirme que todos os números primos são ímpares; em seguida, apresentam exemplos de números primos como 3, 5, 7, 11, 13... e pedem para que as pessoas busquem um número par. Nesse exemplo, as pessoas se convencem rapidamente de que não há número par entre os primos, negligenciando o número dois. Outro exemplo é chamado de "heurística da disponibilidade", em que se pede para que as pessoas estimem a probabilidade de um acidente de avião e de carro. Acidentes de avião são emocionalmente marcantes e geralmente são superestimados; para se ter uma resposta, há um acidente de avião a cada 81 milhões de voos. Um último exemplo de desvio é o chamado "problema cognitivo do bastão e da bola", neste exemplo matemático, é dito que a bola e o bastão juntos custam R$1,10 e que o bastão custa R$1,00 a mais que a bola; em seguida, pergunta-se o custo da bola. Nesse exemplo, nosso sistema intuitivo antecipa o resultado de que a bola custa R$0,10, porém a resposta correta é R$0,05.

Negociações são recorrentemente influenciadas por emoções; somente negociadores experientes e habilidosos conseguem evitar a armadilha cognitiva e tomar decisões assertivas baseadas no processamento racional de informações. É comum perceber que as contrapartes utilizam o hemisfério intuitivo ou tentam persuadi-lo emocionalmente. O "viés de disponibilidade" é uma das abordagens mais utilizadas e consiste em recriar eventos recentes, levando a contraparte a avaliar decisões com base em opções imediatas disponíveis. Por exemplo, negociadores que lidam com uma série de aumentos serão mais suscetíveis a aceitar um novo aumento sem avaliar sua validade. A abordagem do "viés de confirmação" também é frequentemente observada, apresentando apenas argumentos que confirmam uma posição. Por exemplo, um vendedor solicitando um aumento de preço ao argumentar sobre custos de energia e matéria-prima, enquanto o comprador apresenta um argumento sobre aumento de volume e melhoria do cenário econômico. Cada lado apresenta argumentos fortes, porém superficiais. No entanto, devido ao cansaço cognitivo, as partes buscam uma solução intermediária e aceitável. Os viés de disponibilidade e confirmação sugerem que ainda há muito a melhorar nas negociações, uma vez que abordagens rápidas tendem a levar a decisões prejudiciais para o negócio, possivelmente resultando em uma situação de "ganha-ganha" onde claramente há um perdedor.

A influência e manipulação nas negociações são técnicas poderosas para orientar as contrapartes a aceitarem um acordo que sirva aos próprios objetivos e metas. Nas abordagens comerciais, vendedores e compradores têm metas específicas que proporcionam produtividade às empresas. Enquanto o vendedor busca receita e lucro, o comprador busca reduções. Duas abordagens comuns de influência e manipulação em negociações entre vendedores e compradores são a "aversão à perda" e "motivação pela recompensa". A primeira explora o medo de perder uma oportunidade, enquanto a segunda explora o prazer de ter um esforço devidamente recompensado. Negociadores buscam envolver a contraparte em uma abordagem que destaque vantagens e consequências em uma negociação específica. Isso influencia a atenção e o engajamento da contraparte na busca por um acordo. No entanto, a influência perde seu efeito quando a manipulação é percebida - seja entendendo que a perda não é real ou que não haverá uma recompensa significativa após o esforço empregado. A "aversão à perda" foi observada na tecnologia de comunicação móvel em 2012. O Facebook percebeu uma queda acentuada no uso do Messenger em países em desenvolvimento, como Brasil, México, Índia e Indonésia. Eles perceberam um rival com alto potencial de alavancagem em termos de simplicidade, conveniência e recursos gratuitos de mensagens de texto, voz e vídeo. Devido a essa "aversão à perda" por uma tecnologia melhor recebida pelos usuários, Mark Zuckerberg ofereceu US$ 1 bilhão em dinheiro ao fundador do WhatsApp, Jan Koum. Jan percebeu a proposta como manipulativa e recusou, dada o potencial e crescimento exponencial do WhatsApp. A "aversão à perda" era maior no lado do Facebook, que precisava tomar uma posição para mitigar essa aversão. O Facebook agiu rapidamente, reconhecendo que a perda de usuários seria prejudicial para o negócio. Eles aumentaram a oferta para US$ 4 bilhões em dinheiro e US$ 12 bilhões em ações, formalizando-a como sua última proposta. Isso colocou a "aversão ao risco" no lado do WhatsApp, que precisava decidir entre arriscar competir com o Messenger ou aceitar a última oferta de Mark Zuckerberg. Em fevereiro de 2014, Jan Koum aceitou a oferta do Facebook.

A "motivação pela recompensa" foi observada em 2010, quando a NASA buscava parcerias para reduzir a dependência da tecnologia russa. No entanto, a NASA precisava de um fornecimento competitivo e abriu uma licitação para o projeto "Commercial Crew", com a intenção de aprovar empresas privadas caso conseguissem oferecer uma opção mais econômica do que a espaçonave russa Soyuz. A recompensa era um contrato de US$ 2,6 bilhões para vários lançamentos. O investimento da NASA na nave russa era de cerca de US$ 80 milhões, e isso motivou empresas americanas a oferecerem uma solução que se beneficiasse da redução de custos de 30%. A SpaceX estava com pouco dinheiro e via a recompensa da NASA como motivação para apresentar uma solução adequada. Elon Musk liderou pessoalmente as negociações com a NASA e o desenvolvimento do Falcon 9, um foguete reutilizável que não apenas garantiu a sobrevivência da empresa, mas também tornou a SpaceX visível para o mundo e proeminente em projetos aeroespaciais ao redor do mundo.

A influência e manipulação utilizam gatilhos mentais e artifícios psicológicos que colocam a contraparte em estado de alerta. A liderança do Facebook e a PepsiCo foram influenciadas por situações que ativaram gatilhos mentais específicos, como o gatilho de "antecipação" quando o Facebook compra o WhatsApp e como o gatilho de "senso de urgência" quando a PepsiCo compra a Quaker quando a Coca-Cola lança o Powerade. Os gatilhos são específicos e circunstanciais, perceba que a Pepsi acionou o botão de emergência somente com a Coca-Coca, mesmo a

Quaker atuando neste mercado a anos, assim como o Facebook só tomou ação quando viu em seus relatórios a migração em massa de usuários na Índia e Brasil.

Gatilhos mentais influenciam negociações e resultados, quando providenciam ansiedade e reação emocional humana. Em 2016, a Cambridge Analytica foi contratada para auxiliar na corrida presidencial, os métodos da consultoria para promover a imagem de um futuro presidente se tornaram um escândalo, alertando à manipulação em massa através das redes sociais através das "fake news". A Cambridge conseguia detalhar perfis psicográficos e traçar a personalidade de uma comunidade de potenciais eleitores, com tecnologia conseguiu diferenciar propaganda política e calibrar gatilhos emocionais relevantes, que fizesse as pessoas retransmitir informações falsas e mudar opinião da massa. A Cambridge Analytica teve êxito em seu plano de manipulação em massa, mas sofreu retaliação e conseqüências por autoridades governamentais, o que ocasionou a falência da empresa em 2018. As práticas manipulativas foram expostas ao mundo, e mostraram a facilidade como seres humanos em escala podem ser influenciados através de gatilhos mentais e tecnologia, os gatilhos de medo, autoridade, escassez, reciprocidade, validação social, empatia, compaixão e raiva foram empregados em notícias falsas com o foco exclusivo de ganhar votos.

No marketing, a utilização de gatilhos mentais para

influenciar consumidores, apesar de questionável, é comumente vistos em propagandas. As pessoas são atraídas por gatilhos que criam ansiedade e estimulam o consumo. Em negociações comerciais difíceis gatilhos mentais são utilizados comumente e alguns deles têm eficiência prática. O primeiro gatilho mental é o "senso de urgência", que coloca a contraparte em estado de alerta e ansiedade para uma tomada de decisão quando ofertas exigem decisão rápida com a conseqüência da perda. O segundo gatilho mental é a "escassez", que aciona mecanismos emocionais que aprofundam aversão à perda caso o acordo é entendido como uma possibilidade única que se tornar parte de um grupo seleto prioritário. O terceiro gatilho mental é da "autoridade" onde a liderança endossa a oportunidade providenciando expectativa o que coloca pressão por execução. O quarto gatilho é o de "antecipação", onde a oportunidade apresentada é associada como única e prioritária e será disponibilizado depois para o mercado, este gatilho é eficiente quando há concorrência dividindo tal fornecedor ou cliente. O quinto gatilho é de "exclusividade", onde é definida uma oportunidade única, somente para a contraparte, o que traz preferência estratégica e atenção.

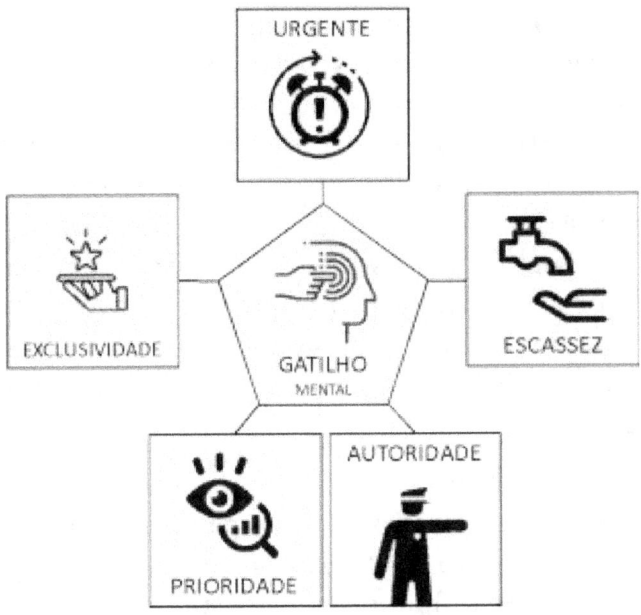

Em 2010, a Spotify iniciou uma negociação com as gravadoras devido à sua tecnologia revolucionária de streaming, que permitia reduzir o impacto da pirataria naquela época. O modelo de negócios da Spotify necessitava de músicas para operar, porém concedia acesso gratuito aos usuários. Daniel Ek precisava convencer as gravadoras, como a Sony Music, de que o Spotify era sustentável e de que autorizar os direitos de distribuição reduziria a pirataria. Para as gravadoras, a ideia de combater a pirataria através de acesso gratuito parecia manipuladora, o que gerou uma resistência natural em relação ao acordo proposto.

A Spotify utilizou técnicas de negociação que ancoravam as gravadoras com uma oferta inicial baixa pelos direitos autorais, com flexibilidade para negociar aumentos graduais. O interesse da Spotify era estabelecer parcerias com as gravadoras e conscientizar os tomadores de decisão sobre o valor do streaming. Isso resultou em contraofertas e concessões que possibilitaram a negociação. Os gatilhos de "ancoragem" e "escassez" acionavam condições emocionais que levavam as partes a racionalizar a relação entre música, pirataria, tecnologia de streaming e a parceria estratégica com a Spotify.

As gravadoras viram valor na associação com a Spotify, desde que fosse uma parceria e não uma simples concessão de direitos autorais. Ancoragem é uma técnica de influência que possui um componente emocional e pode ser racionalizada. Nas negociações, a ancoragem frequentemente é utilizada para definir as opções. Dependendo do contexto, começar com uma oferta de 10 para chegar a 8, ou começar com 1 para chegar a 2, pode ser aplicado. A abordagem "ganha-ganha" perde eficácia quando a primeira oferta é percebida como manipuladora, exigindo um recomeço.

Negociações geralmente partem dos interesses específicos de uma das partes, o que define abordagens emocionais e técnicas. Colocar a primeira oferta em um valor melhor do que o esperado estabelece uma âncora que a contraparte precisa contestar. Na manipulação, a oferta é irracionalizada para evocar gatilhos emocionais, enquanto na influência a lógica é aplicada, mas há um interesse em maximizar resultados, porém dentro de limites realistas.

Em 2006, a Disney comprou a Pixar em uma negociação com Steve Jobs, que utilizou a técnica da "aversão à perda" ao posicionar a primeira oferta. A Pixar era atraente para a Disney devido à tecnologia de animação gráfica desenvolvida e aos sucessos como Toy Story e Monstros S.A., o que justificava a compra. A oferta inicial de Jobs foi ancorada em 7 bilhões de dólares, permitindo concessões a cada contraoferta e resultando em um acordo de 6 bilhões de dólares e 7,5% das ações da Disney, totalizando 7,4 bilhões de dólares.

Em 1974, Daniel Kahneman e Amos Tversky conduziram estudos comportamentais que demonstraram o poder da ancoragem, revelando que as pessoas baseiam suas decisões em referências. Isso ressalta a importância da primeira oferta no resultado final. A "ancoragem" estabelece as condições para um acordo, que pode envolver preços, prazos e outros elementos adicionais.

Robert Cialdini oferece opções relevantes sobre a abordagem da ancoragem na influência e destaca a escolha da âncora como crucial para influenciar a contraparte. Cialdini sugere que quanto mais plausível a âncora, maior a chance de sucesso, indicando uma âncora persuasiva e não arbitrária. Ele propõe três abordagens de ancoragem: a "âncora próxima do acordo pretendido" introduz uma oferta ligeiramente melhor do que o desejado, criando uma âncora que influencie a tomada de decisão. A "âncora contextual" apresenta uma oferta em um contexto que a torne mais atrativa, explorando percepções favoráveis da oferta. A "âncora de concessão" apresenta uma oferta inicial alta e depois flexibiliza concessões, induzindo a contraparte a aceitar uma oferta mais vantajosa.

Ancoragem é amplamente usada em negociações devido ao seu apelo emocional e influência sobre a contraparte. Isso permite identificar padrões comportamentais de decisão e buscar acordos que se alinhem com a compreensão mútua de um "ganha-ganha". No entanto, o uso da ancoragem pode parecer manipulativo, especialmente quando se força a contraparte a fazer movimentos mínimos na oferta, o que pode resultar em conflitos comerciais. Utilizar ancoragem requer justificativa racional para estabelecer limites de atuação e posicionamento. Reconhecer estratégias de influência que exploram gatilhos mentais, ancoragem e indução emocional ajuda a antecipar negociações bem-sucedidas.

[Parte 2] Poder da razão

"A razão é o único arbítrio capaz de fazer-nos compreender as coisas verdadeiras e úteis."

René Descartes

Em 1969, Neil Armstrong e Buzz Aldrin fizeram parte da missão Apollo 11. O objetivo da NASA era conquistar a posição do primeiro país a pisar na Lua. A irracionalidade tomou conta de uma parte da população que preferia acreditar em teorias carentes de fundamentação lógica e científica, baseando-se em mal-entendidos, interpretações equivocadas ou desinformação. Enquanto o lado irracional manipulava pessoas com a teoria do estúdio de filmagem, onde a lua teria sido filmada em Hollywood, com problemas reconhecíveis como sombras, apegando-se à atmosfera e ao vento, à falta de estrelas e à radiação solar na lua que queimaria o filme fotográfico, o lado racional se baseava em convicções respaldadas por aspectos científicos e evidências.

A razão podia associar aspectos relevantes, como as transmissões ao vivo e os vídeos que mostravam a caminhada lunar e os astronautas coletando amostras e implantando experimentos, bem como a participação de milhares de testemunhas, incluindo cientistas e funcionários da NASA envolvidos diretamente na missão, que atestavam a autenticidade. Reconhecer que os EUA forjaram e convenceram tantas pessoas a mentir somente para afirmar que foram os primeiros a pousar na Lua soava irracional.

Em outros contextos, assim como na pisada do homem na Lua, a lógica pode seguir dois caminhos: o da incoerência e o da coerência. Em negociações, é comum perceber uma das partes se apegando a fatos irrelevantes e utilizando-os para se tornar inflexível. Negociadores emocionais são difíceis de tratar na esfera emocional quando a razão não consegue persuadi-los, no entanto, espera-se que a razão oriente uma negociação razoável e possibilite a construção de cenários adequados para ambas as partes.

A razão refere-se à capacidade humana de pensar, analisar, avaliar e tomar decisões. A lógica e a construção de evidências constroem o raciocínio e o senso crítico, o que possibilita agir de maneira imparcial e objetiva. Em negociações comerciais, a razão oferece ilimitadas possibilidades para desenvolver argumentos e buscar soluções que fundamentem um acordo. Através da razão, é possível compreender necessidades e interesses com profundidade, inclusive associando aspectos emocionais. Dados e informações tornam-se munição relevante; assim, a argumentação estatística e a compreensão de mercado, finanças e lógica garantem que os dados traduzam expectativas e resultados.

Sem a razão, as negociações perdem o foco, e é comum haver dissimulação de uma das partes. A razão permite definir objetivos claros e fundamentar todos os aspectos levantados, desde opções criativas até situações em que não há justificativa para a continuidade de um acordo. A ausência de razão coloca as partes em posições rígidas, pois não conseguem ir além da emoção sentida. Logo, a razão traz adaptabilidade quando algo sai do esperado, possibilitando recompor propostas, critérios, premissas, concessões e riscos sem perder a forma respeitosa e a comunicação eficiente.

[Capitulo 4] Lógica e Senso Crítico

"A lógica não é tudo, mas a lógica é a única coisa que nos permite distinguir entre as coisas que fazem sentido e as coisas que não fazem sentido."

(Immanuel Kant)

Em 2018, a Nestlé e a Starbucks anunciaram uma parceria que expandiu a presença das marcas para o café embalado. A Starbucks detinha uma posição forte em cafeterias, enquanto a Nestlé possuía uma distribuição global e produção em escala de café. As empresas logicamente uniram suas forças para maximizar a disponibilidade de produtos e crescer mutuamente. A Starbucks alavancaria seus produtos em supermercados, e a Nestlé diversificaria o portfólio de café com uma marca valorizada.

Análises financeiras por si só não definem uma decisão, a lógica tem uma importante aplicação, pois complementa premissas através de critérios. A lógica é um raciocínio estruturado que valida conclusões com base em informações disponíveis. Negociações comerciais, quando associadas a argumentos e fundamentação lógica, possibilitam boas decisões e evitam a manipulação emocional. A lógica se descola da abordagem emocional, facilitando a construção de alternativas e coerência para um acordo. Um fluxo lógico identifica objetivos, coleta informações, analisa opções, avalia cenários e valida premissas, sendo o pensamento crítico uma barreira contra irracionalidades.

O conceito de lógica se origina da filosofia, com influência grega, principalmente de Aristóteles e sua estruturação de pensamentos e argumentos. A matemática elevou a lógica a outro patamar, moldando o mundo digitalizado em que vivemos atualmente. George Boole foi relevante na aplicação da lógica matemática e na introdução dos conceitos de "1" e "0" para processamento eletrônico e computacional. A álgebra booleana associa "falso" e "verdadeiro" em processamentos computacionais complexos que simulam o pensamento lógico humano, como a inteligência artificial. O "verdadeiro", representado pelo dígito "1", e o "falso", representado pelo dígito "0", quando associados a funções lógicas de conjunção "E", disjunção "OU" e negação "NÃO", têm aplicações ilimitadas que podem ser usadas em negociações de qualquer circunstância.

Uma negociação tem como objetivo um acordo, sendo o "SIM" e o "NÃO" a representação lógica dos critérios e condições apresentadas. Negociações combinam premissas, definições e acordos que compõem a decisão final. Uma premissa pode ser o preço abaixo da expectativa e o prazo igual ou maior que a expectativa, sendo a combinação das duas premissas associadas a uma função lógica "E" a referência para decidir. A lógica booleana trabalha com resultados binários e possibilita premissas e critérios ilimitados, mas a simplificação na comunicação, adequando premissas relevantes, é o que torna um acordo possível.

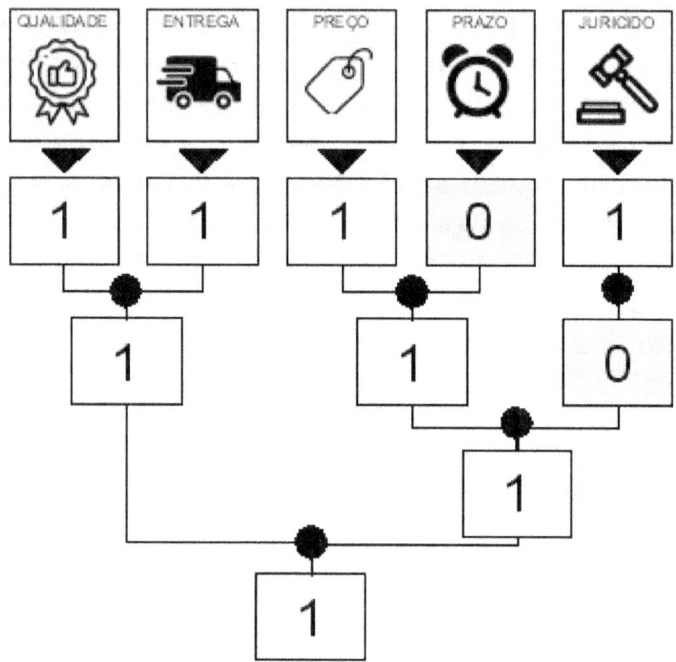

Uma metodologia que possibilita o fluxo lógico de uma negociação é a SMART, onde combinar o específico, o mensurável, o atingível, o relevante e o temporal permite que decisões se comuniquem de forma eficiente em direção a um acordo. O SMART parte da meta (S), que especifica a expectativa de resultado. O objetivo precisa ser mensurável (M), definindo critérios de conclusão. Também precisa ser atingível (A), não forçando um critério sempre falso.

Em negociações, quanto mais critérios houver, mais difícil será alcançar um acordo. Portanto, é necessário definir a relevância (R) de cada critério e, por fim, determinar um prazo (T) para a conclusão da negociação.

Negociações sem critérios não são lógicas e se baseiam em condições emocionais e no foco exclusivo no resultado final. A lógica identifica critérios passíveis de resultados binários ("SIM" e "NÃO"), e a partir desses critérios, modela a estrutura da negociação, definindo todos os possíveis resultados com base nas premissas e critérios estipulados. A negociação lógica permite flexibilidade, associando pleitos, solicitações e expectativas em uma sequência de "SIM" e "NÃO" orientada para um acordo. A definição da relevância permite identificar critérios limitantes para um acordo final e atuar especificamente. Um negociador pode pleitear uma redução de custo ao fornecedor, definindo um objetivo alinhado com premissas de mercado, commodities e produtividade, estabelecendo um critério de 3% como meta de redução. Todas as argumentações e preparações são baseadas em atender esse critério para fechar um acordo. O processo é modelado para entender como é possível obter o "SIM" do fornecedor, inclusive considerando novas premissas e critérios solicitados. A lógica não visa congelar um modelo, mas permite flexibilizá-lo e compreender como um acordo final pode ser concluído.

O modelo lógico é montado a cada negociação, tornando evidentes todas as premissas relacionadas, bem como as associações que definem critérios que possibilitam a análise de argumentos para o progresso. O acordo, quando considera as premissas de ambas as partes, é "ganha-ganha". No entanto, a lógica pode ser construída para benefício próprio. A reflexão lógica analisa contradições e paradoxos, definindo graus de verdade e falsidade. Essa análise permite que os argumentos sejam melhor construídos, evitando conflitos emocionais. É importante considerar negociações flexíveis, onde o modelo lógico se redesenha com novas premissas e novos critérios, podendo levar a argumentação para outro caminho, mas nunca perdendo o rastreamento do que já foi tratado inicialmente, resguardando dissimulação e manipulação.

A Amazon comprou a WholeFoods entre centenas de opções de compra. A empresa define um processo lógico antes de qualquer negociação de preço ou condições para um acordo. São critérios iniciais para determinar se a alocação de negociadores será necessária ou se a oportunidade será simplesmente encerrada. Os critérios preliminares que precisam ser atendidos, na verdade, são três. O primeiro é a confirmação de que o negócio tem potencial de mercado. O segundo é se o negócio é financeiramente viável e o terceiro é se o negócio está alinhado com a estratégia da empresa. Negociações precisam ser justificadas e alinhadas com um propósito maior. Negociar preços e condições não pode preceder critérios básicos e inegociáveis. Identificar a oportunidade é mais relevante do que negociar a melhor condição comercial para um negócio que não faz sentido. A Coca-Cola não negocia a compra do LinkedIn, porque algum negociador dedicou tempo e esforço para conseguir um bom preço. Simplesmente não é lógico.

Na mesa de negociação comercial, existem compradores e vendedores, cada um com critérios definidos com base em perspectivas diferentes. A reflexão lógica sobre as demandas comerciais, sua relevância para o negócio da contraparte, possíveis contra-ataques, as consequências de um desacordo e até mesmo o envolvimento emocional podem ser antecipados quando se utiliza um modelo lógico de abordagem. A habilidade de negociação reflete a capacidade do negociador em elaborar um modelo lógico e adaptá-lo com base em novas informações, premissas e contextos. A adaptação e a complexidade das premissas e critérios permitem prever cenários de resultados e compreender restrições, sem se apegar a condições irrelevantes, mas que podem influenciar emocionalmente. Um fornecedor pode afirmar que a oferta é a última e que irá vender para outro, mas se houver um critério que não justifica o acordo, o gatilho de "aversão à perda" não será acionado.

Em 2003, Liz desafiou o senso lógico da comunidade médica e científica ao propor a tecnologia "Edison", que permitia detectar condições médicas como diabetes, câncer e doenças cardiovasculares a partir de uma gota de sangue. Mesmo em circunstâncias inconsistentes, Elizabeth Holmes fundou a Theranos, destacando-se pela retórica que carecia de evidências sobre a eficácia e funcionamento da tecnologia. No entanto, ela conseguiu negociar investimentos de capital com investidores experientes, como Rupert Murdoch e a família DeVos, além de firmar parcerias com farmácias, centros médicos e obter condições atrativas de preço e prazo com fornecedores de suprimentos médicos. Em pouco tempo, a Theranos foi avaliada em US$ 9 bilhões, o que levou a investigações por parte de negociadores mais céticos e lógicos em relação à tecnologia apresentada, seus riscos para os pacientes e a confiabilidade dos testes. A FDA auditou a Theranos, identificou fraudes nos diagnósticos e ordenou a proibição de testes sanguíneos realizados pela empresa. Em 2018, a empresa declarou falência, e em 2023, Elizabeth Holmes foi condenada à prisão.

A lógica não é usada na negociação para validar um acordo ou para determinar se uma ameaça ou oportunidade é verdadeira. Tanto no caso da Amazon, que estabelece critérios preliminares para decidir se vale a pena negociar a compra de uma nova empresa, quanto para os clientes, investidores e fornecedores da Theranos, deveria haver critérios para aceitar parcerias-chave. A irracionalidade busca argumentos lógicos válidos para justificar uma posição, então um "blefe" pode ser eficaz quando a contraparte está emocionalmente envolvida e os modelos lógicos são incompletos. Negociadores frequentemente utilizam premissas e critérios que, se não forem verificados, acabam sendo aceitos como verdadeiros sem nunca serem questionados.

Um "blefe" pode ser contra-atacado por meio da "lógica reversa", na qual a lógica é invertida em busca de coerência em relação às consequências atribuídas ao "blefe". Se um vendedor oferece uma oferta única, alegando que todos os outros estão comprando e faz um "blefe" ao dizer que essa é a única opção para você decidir, é possível avaliar logicamente a veracidade dessa afirmação de forma reversa. A lógica reversa parte do pressuposto de que o acordo proposto, com base em argumentos emocionais da contraparte, é um "blefe". Nesse caso, são avaliados os obstáculos que tornariam o "blefe" mal-sucedido, criando cenários que permitem refletir sobre a validade e as consequências caso o "blefe" seja reconhecido como verdadeiro ou falso. Note que todos os cenários consideram o acordo como verdadeiro, mas uma premissa sobre a veracidade do blefe é adicionada, criando critérios que permitem refletir sobre quatro possíveis desdobramentos extremos. Charlie Munger é sócio na Berkshire Hathaway e frequentemente enfatiza sua habilidade em lógica reversa como motivo de seu sucesso financeiro em reuniões com acionistas. Munger simplifica a abordagem, argumentando que é mais coerente identificar um resultado indesejável e racionalizar as armadilhas que levam a esse resultado. Para Munger, o foco em evitar erros e armadilhas é a fórmula de sucesso em negociações e decisões, onde a reflexão exaustiva sobre falhas é mais eficaz do que supor que um plano dará certo. A fórmula de Munger é aplicável em uma situação de "blefe", pois consegue reverter posições reconhecendo as motivações que levariam a contraparte a fazer um blefe, permitindo assim avaliar quais situações fariam a contraparte retirar o blefe da mesa ou quais novas premissas poderiam ser incluídas no acordo para tornar o blefe potencial irrelevante.

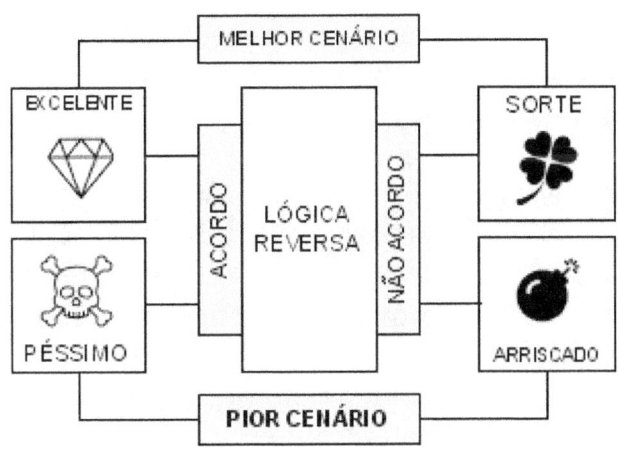

Em 2019, o Walmart não blefou quando abordou comercialmente toda a cadeia de fornecedores com critérios específicos sobre aumento de eficiência e redução de custos. Os argumentos do Walmart eram que os preços precisavam ser mais competitivos para os clientes, e a empresa precisava melhorar sua posição financeira perante os concorrentes. Os negociadores reconheciam a possibilidade de frustração generalizada, mas também sabiam que a renegociação de contratos, redefinição de volumes e preferência por fornecedores adequados à política de eficiência poderiam reverter uma abordagem aparentemente negativa. O Walmart ofereceu premissas de volume de compra, o que colocava os fornecedores em uma posição delicada, pois perder a conta do Walmart exigiria um esforço altíssimo para serem substituídos. Por outro lado, os negociadores do Walmart estavam preparados para reações de alguns fornecedores e tratariam negociações comerciais como exceção. A abordagem lógica do Walmart, que posicionava um objetivo específico, ganhou a atenção dos fornecedores em escala e promoveu uma reavaliação por parte deles sobre a continuidade de um cliente do porte do Walmart. Caso não aceitassem, preparariam argumentação consistente que flexibilizasse um acordo sem incorrer em risco de fornecimento. O Walmart teve grande êxito nessa abordagem; os resultados foram incrementados, e as ações subiram substancialmente nesse período. Por outro lado, os fornecedores que aderiram à política ou buscaram uma flexibilização do acordo mantiveram volume expressivo com viés de aumento.

Em negociações comerciais, a lógica associa critérios até resoluções em um MAPAN (BATNA), sigla que significa "melhor alternativa para um acordo negociado". O MAPAN foi proposto por Roger Fisher e William Ury, professores de Harvard que atribuíam negociações com interesses conflitantes a um processo que identifica opções para um acordo não ideal, mas mutuamente aceitável. A abordagem do MAPAN considera opções para um acordo somente se as partes entrarem em conflito. Para Fisher e Ury, um cenário ruim aceitável é um "ganha-ganha" quando as partes se forçam a flexibilizar posições e construir um cenário paralelo que promova progresso. O Walmart não definiu uma política unilateral de "pegar ou largar", mas em situações reconhecidas como críticas, o MAPAN possibilita que negociadores e fornecedores entrem em um acordo mútuo diferente do esperado.

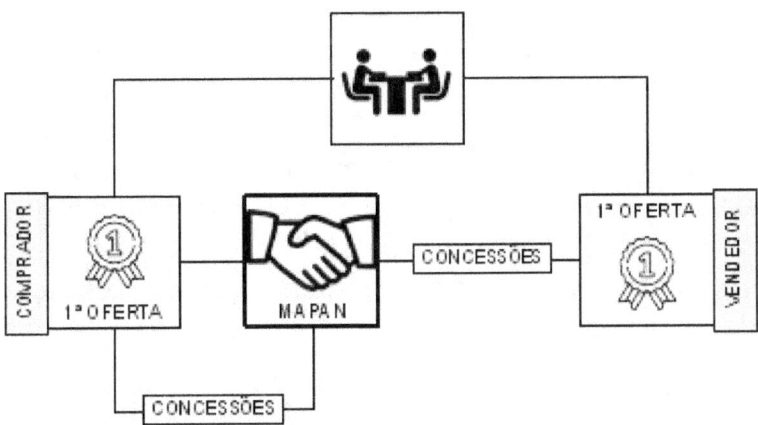

O MAPAN associado à lógica reversa tem possibilidades ilimitadas de tornar argumentos emocionais que manipulam uma condição "ganha-perde" a partir de um "blefe" ou utilização de força em um processo racional e confiável. A abordagem dos "piores" cenários compreende consequências associadas a aceitar ou não um acordo. A reflexão da lógica reversa auxilia na compreensão e sugestão de opções que saem do esperado, mas ainda são vantajosas para o negócio, pelo menos mais vantajosas do que encerrar a negociação sem acordo algum. Hipoteticamente, um fornecedor pressiona por um aumento de +10%, enquanto o comprador busca uma redução de -10%. O fornecedor ameaça paralisar as entregas futuras, e o comprador ameaça cancelar o contrato. Na lógica reversa, são avaliadas as consequências negativas, como o bloqueio de entrega e o impacto no negócio, e como determinadas opções poderiam ser gerenciadas sem aceitar a oferta inicial. Ao mesmo tempo, define-se o caminho crítico e busca-se opções para um MAPAN, algo entre +10% e -10%. As premissas e critérios permitem argumentar um novo posicionamento, sensibilizando a contraparte a flexibilizar a oferta inicial em um ambiente racional. De um lado da mesa, o fornecedor argumenta que os custos adicionais de qualidade são insustentáveis, enquanto o comprador argumenta sobre a restrição de orçamento e a perda de competitividade que impactariam o volume. Os "piores" cenários já foram considerados, colocando a oferta inicial em posição de aceite. No entanto, as ameaças podem extrapolar cenários controláveis, ativando gatilhos associados à aversão à perda como opção para chamar a atenção de empresas verticais que promovem uma negociação justa.

Em 2010, a Oracle registrou um processo contra o Google alegando violação de patentes. A Oracle afirmava que o Android da Google havia copiado códigos de APIs específicas do Java. Ambas as empresas buscaram argumentar suas posições para evitar um processo legal que levaria anos para ser concluído. A motivação da Oracle era financeira, uma vez que acabara de adquirir a Sun Microsystems por US$ 7,4 bilhões, e aproveitar esse investimento era crucial devido ao sucesso do sistema operacional Android. O Google, por outro lado, rejeitou a alegação de violação de propriedade intelectual e se recusou a pagar royalties por algo que consideravam inapropriado. Eles argumentaram que o uso do Java seguia a doutrina de "uso justo" e que as APIs não estavam sujeitas a direitos autorais. O Java era a base do desenvolvimento do Android, o que não acontecia com o sistema iOS da Apple, o que tornou a alegação de violação de patente uma questão delicada para o Google. Embora o Google pudesse ter direcionado a negociação para um pagamento de royalties razoável, preferiu argumentar juridicamente, pois sabia que o "uso justo" era uma exceção aos direitos exclusivos dos autores e detentores de direitos autorais quando se destinava a equilibrar o interesse público em promover a criatividade. Como havia posições divergentes e nenhum acordo comercial foi alcançado, ambas as empresas tiveram que gastar milhões em um processo legal que durou mais de 10 anos e chegou à Suprema Corte dos Estados Unidos, que emitiu a decisão final de que o Google não havia infringido as leis de patentes e que o uso das APIs era considerado "uso justo".

Em negociações onde há pleitos divergentes e ameaças, é necessário o confronto que se inicia com uma negociação de abertura. Nesta etapa, estabelece-se a flexibilidade, definindo posições e propostas entre as partes. A lógica reversa compreende preocupações, motivações e possíveis ações imediatas, incluindo as consequências em caso de acordo. O Google, ao não aceitar o pleito de pagar royalties, deixou a Oracle com a opção de investir recursos em um processo judicial.

O Google tinha respaldo legal, mas também tinha a opção de reprogramar o Android ou pagar royalties à Oracle. No caso Oracle vs. Google, vários cenários poderiam ser traçados com base em premissas e critérios.

A clareza sobre os principais impactos e a flexibilidade do acordo permite explorar opções razoáveis, mas também argumentar com a contraparte sobre a inviabilidade de um acordo. O Google argumentou que o "uso justo" era legal e que usar a condição de monopólio da linguagem Java inibiria parcerias e o uso por desenvolvedores. Além disso, a opinião pública poderia ver a Oracle como uma empresa monopolista e restritiva. Os argumentos sobre as consequências prováveis fizeram a contraparte refletir se valia a pena levar a negociação para outra esfera ou se o esforço versus a chance de êxito justificava a manutenção da posição. No caso da Oracle, os argumentos do Google não surtiram efeito, o que levou as empresas a levar o caso até a última instância.

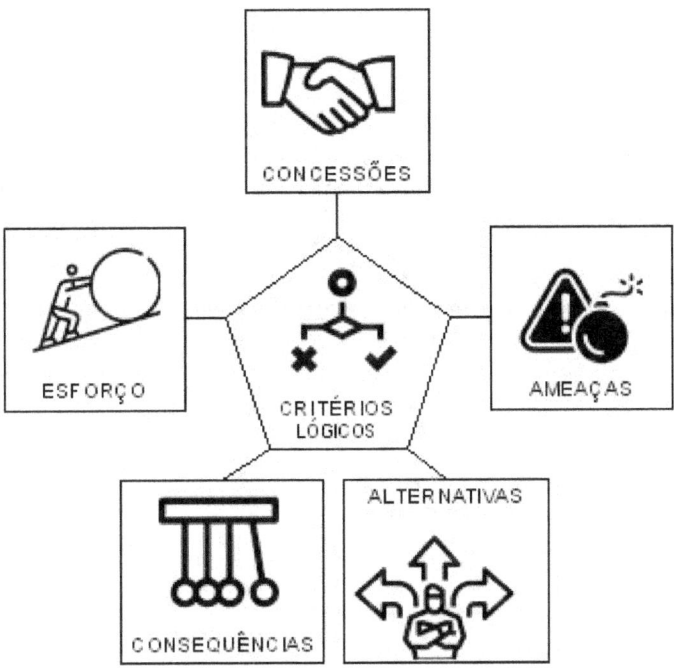

Mapear as consequências por meio da lógica reversa gera opções e explora caminhos possíveis para evitar consequências negativas. A negociação deve ponderar argumentos que afastem a posição inicial da contraparte em direção a algo satisfatório. O foco está em flexibilizar concessões por meio de soluções que façam a contraparte reavaliar as consequências e forçar opções satisfatórias. No exemplo anterior, em que o comprador estava pressionado por um aumento de +10% e uma redução de -10%, o comprador poderia ser afetado pela parada nas entregas, o que prejudicaria as vendas futuras. Com a lógica reversa, são avaliadas opções alternativas que eliminam a ameaça de um fornecedor específico. Ao mesmo tempo, negocia-se opções que mantenham as entregas sem absorver o aumento de preço de +10%. O comprador pode aceitar rever os critérios de qualidade, oferecer um novo projeto ou simplesmente oferecer um percentual menor, mas aceitando um aumento de preço. As opções buscam criar um cenário melhor do que o inicial, e é importante registrar o pleito e compreender as evoluções subsequentes.

[Capítulo 5] Estatística e probabilidade

"A estatística é a ciência que nos diz o que não sabemos, usando o que sabemos."

(Richard von Mises)

Em 2016, a Verizon enfrentou uma paralisação envolvendo mais de 39 mil trabalhadores nos EUA. Era crucial chegar a um acordo nas negociações, considerando-se a estimativa de que cada dia de paralisação resultaria em uma perda de receita de $200 milhões. A greve é um direito protegido pela legislação americana e, estatisticamente, é resolvida rapidamente, uma vez que promove a compreensão e o acordo entre as partes. A posição inicial dos trabalhadores da Verizon era um aumento salarial de +6.5%, manutenção dos benefícios de saúde e proteção contra a terceirização. Aceitar a demanda inicial dos trabalhadores colocaria a Verizon em uma posição delicada, principalmente por comprometer decisões e reações futuras relacionadas à terceirização. Portanto, a Verizon agiu rapidamente e formalmente ofereceu ao sindicato uma proposta que focou no ponto mais relevante para os trabalhadores, usando-o como alavanca para flexibilizar as demais questões. O aumento salarial era o critério mais relevante e urgente, então a Verizon ofereceu um aumento de +10.9% por um período fixo de quatro anos e confirmou a manutenção do plano de saúde. No entanto, eles buscaram manter a liberdade de terceirização com o compromisso de criar 1.400 novos postos de trabalho durante o período do acordo. A contraproposta da Verizon foi aceita, e a greve chegou ao fim. A Verizon demonstrou perspicácia ao identificar o ponto de divergência, que era a terceirização, e trabalhou com uma contraoferta que aprimorou a questão salarial, forçando o sindicato a ceder em relação à terceirização. A Verizon compreendeu estatisticamente o critério mais relevante e elaborou uma contraproposta irresistível.

A estatística é uma disciplina matemática que interpreta dados e fornece conclusões. O conceito de estatística remonta à antiguidade, com raízes na Babilônia e no Antigo Egito. Mais tarde, a estatística foi fortalecida e aplicada à física por Moivre, Laplace e Gauss, e posteriormente por outros matemáticos como Fisher, Pearson, Neyman e Galton. Eles desenvolveram modelos sofisticados de distribuições, regressões, hipóteses e variâncias em aplicações práticas. Em negociações, a estatística possui aplicações relevantes, uma vez que compreende contextos, comportamentos e mercados que influenciam o posicionamento dos envolvidos e determina a probabilidade de sucesso em um cenário esperado. Negociadores e empresas que utilizam a estatística reconhecem padrões de mercado e das contrapartes, o que possibilita a construção de abordagens lógicas baseadas em padrões históricos, expectativas futuras, sentimentos e riscos associados.

A obsessão por dados históricos e a praticidade de acumular dados em grande escala proporcionam oportunidades incalculáveis para corporações e negociadores. Em negociações, o conceito de regressão estatística permite correlacionar variáveis dependentes e independentes, concentrando esforços e foco nas premissas relevantes. A estatística também permite traduzir racionalmente emoções nas negociações, por meio do "índice de sentimento". Nessa ciência, os sentimentos da contraparte são quantificados e correlacionados com os sentimentos do mercado, o que é relevante para compreender se a pressão atribuída é coerente ou dissimulada, antecipando assim a proteção contra abordagens emocionais. Em negociações, a estatística também permite medir riscos, comprimindo as consequências negativas relacionadas a um fator provável. Nesse caso, o negociador pode antecipar resultados e racionalizar as áreas de risco no desacordo.

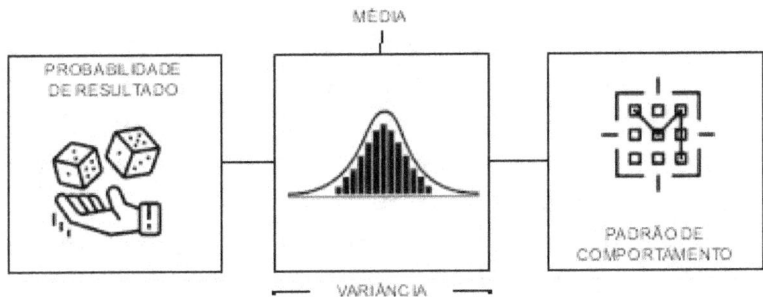

Fundos de hedge são opções racionais para corporações que negociam contratos com fornecedores ou clientes. Os fundos de hedge são oráculos estatísticos que assumem riscos futuros com a garantia de estabilidade de preços para os clientes. Negociadores que fazem uso da estatística empregam o hedge de forma assertiva e elaboram estratégias que antecipam o mercado. No mercado, existem opções de hedge para proteger contratos futuros, onde produtores agrícolas podem proteger o preço de seus produtos, empresas podem proteger seus custos de commodities e câmbio, e negociadores podem proteger a carteira de clientes e fornecedores. A estatística compreende variações abruptas de mercado e antecipa padrões de comportamento futuros com base em comportamentos passados.

O McNuggets é um produto inovador e icônico do McDonald's, lançado em 1983, uma composição de pedaços de frango empanados e fritos. O McDonald's tinha receio de colocar o plano em prática, dada a variação de preço do frango, o que poderia impactar margens e demanda caso o preço fosse constantemente repassado ao cliente final. A Bridgewater, liderada por Ray Dalio, propôs uma solução que manteria o preço estável, satisfazendo os interesses dos fornecedores e do McDonald's. A noção de Ray Dalio sobre o custo do frango permitiu construir modelos estatísticos que relacionavam o processo de crescimento do frango com a alimentação, confirmando que a variação do custo estava diretamente associada ao valor do milho e soja no mercado. Isso possibilitava à Bridgewater assegurar a estabilidade do preço do frango por meio de contratos futuros do milho e soja. A negociação e a solução de Ray Dalio focavam na estabilidade dos preços, pois contratos futuros garantiam que produtores de frango receberiam ração a preços controlados. Consequentemente, o McDonald's poderia fixar o preço do McNuggets e lançar o produto globalmente sem a preocupação de flutuações bruscas em períodos curtos. O acordo entre produtores de frango e o McDonald's só foi possível porque Ray Dalio conhecia variáveis relevantes de custo e existia um mercado futuro de compra. O McNuggets, juntamente com o BigMac e a batata frita, representa 60% da receita do McDonald's e mostra que a negociação com suporte da estatística permite controlar preços sem especular, sem pressão e sem surpresas no curto prazo.

Prever os preços das commodities utiliza a regressão estatística, sendo uma ciência que permite avaliar a relevância de variáveis associadas. Commodities são matérias-primas em estado bruto que podem ser produzidas em larga escala sem a necessidade de alto nível de industrialização. Negociadores que compreendem as commodities relacionadas aos produtos negociados e as variáveis que influenciam tais commodities têm vantagens em qualquer negociação. Na negociação do McDonald's com produtores de frangos, sem a compreensão do milho e soja como fatores de preço, é possível prever alto conflito comercial, onde produtores provavelmente interromperiam as entregas caso o preço das commodities soja e milho não fosse reajustado. Isso forçaria a busca por alternativas pelos produtores de frango, que se encontrariam na mesma situação de preço, o que poderia acarretar pressão emocional sobre os produtores dependentes do McDonald's para operar. A regressão estatística e o conhecimento sobre o custo do frango possibilitam analisar a variação do milho e soja e compreender se o preço do McNuggets seria atrativo e rentável mesmo com variações abruptas. O método de regressão estatística quantifica um produto e relaciona variáveis, como inflação, câmbio e preços de commodities, em tendências e padrões que permitem descolar percepções de "achismo" em números com respaldo matemático. Negociações amparadas por dados estatísticos, argumentos, posições e decisões são respaldadas por modelos matemáticos que sustentam um resultado esperado. Em negociações onde não há base racional, o negociador com maior poder de barganha influencia um resultado "ganha-perde". O McDonald's, por exemplo, poderia ter lançado levianamente o McNuggets e estar até hoje negociando e pressionando produtores, levando alguns à falência e outros a decisões drásticas de parar o fornecimento. Contudo, o McDonald's e os produtores decidiram adotar uma abordagem mais segura para ambos os lados, evitando o confronto de poder que inevitavelmente levaria ao "ganha-perde". Não necessariamente toda a solução é utilizar hedge e contratos futuros; cada negócio terá especificidades, e é competência do negociador desenhar soluções que permitam estabilidade e racionalidade.

A regressão desempenha um papel crucial em negociações, uma vez que permite a análise de padrões históricos. Na análise estatística de regressão, o negociador começa a examinar variáveis relevantes, geralmente usadas como argumentos por fornecedores e clientes em busca de concessões. A compreensão dessas variáveis relevantes possibilita a previsão de comportamentos futuros. Nesse cenário, é viável monitorar o mercado online e, com base em coeficientes, identificar os gatilhos de reação, tanto aguardando uma resposta da outra parte quanto agindo como negociador.

Durante uma análise de regressão, ocasionalmente, podem surgir outliers, que são pontos que se afastam do padrão e não têm uma associação direta com as variáveis. O negociador deve compreender esses outliers para identificar oportunidades ou reconhecer erros. Se um negociador se envolver em uma negociação sem realizar uma análise de regressão, ele corre o risco de ser pego de surpresa e sofrer consequências emocionais negativas.

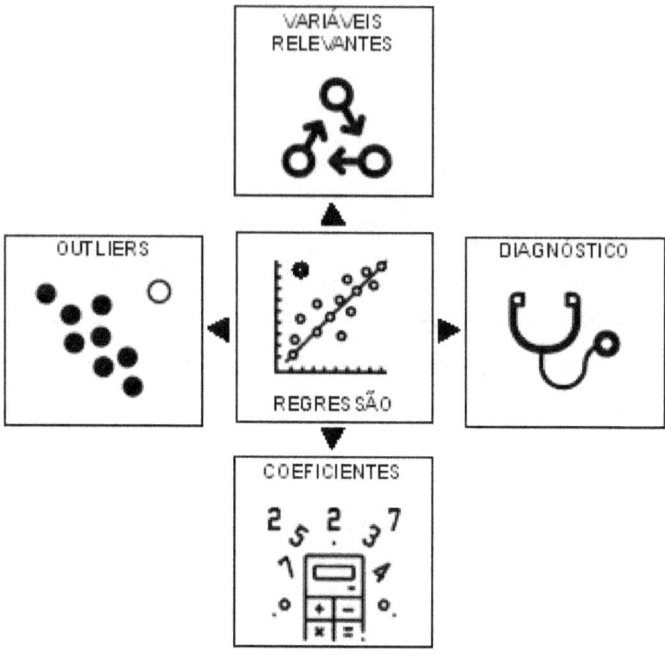

James Harris Simons tem negociado contratos futuros desde 1989. O fundo Medallion, de sua empresa Renaissance Technologies, apresenta uma média de rentabilidade anual de 60%. O Medallion opera por meio de algoritmos estatísticos complexos que analisam o momento adequado para alocar capital. Um modelo relevante para Jim Simons é o "índice de sentimento", que compila dados de notícias, mídias sociais e percepção emocional de investidores em padrões estatísticos correlacionados com a realidade, permitindo a definição do momentum. O "índice de sentimento" traduz matematicamente percepções qualitativas, como alegria, tristeza, frustração, raiva e outros sentimentos, em modelos computacionais de processamento de linguagem natural (PLN). A associação de palavras positivas, negativas e neutras é compilada por algoritmos computacionais, que, juntamente com dados históricos, determinam um contexto. Negociadores podem utilizar o "índice de sentimento" para antecipar abordagens comerciais e definir argumentos que coloquem a contraparte em um estado emocional mais favorável para um acordo.

O índice de sentimento é responsável por medir a "intensidade emocional" de uma negociação. Na área de Processamento de Linguagem Natural (PLN), os sentimentos precisam ser convertidos em números que representam a polaridade, variando de negativo (-1) a positivo (+1), e também podem levar em conta a intensidade, utilizando pesos como -1, -2, -3. O índice de sentimento tem o propósito de identificar uma tendência, quando a polaridade e a intensidade são combinadas. Essas tendências orientam o tom possível de uma negociação e auxiliam na preparação do negociador

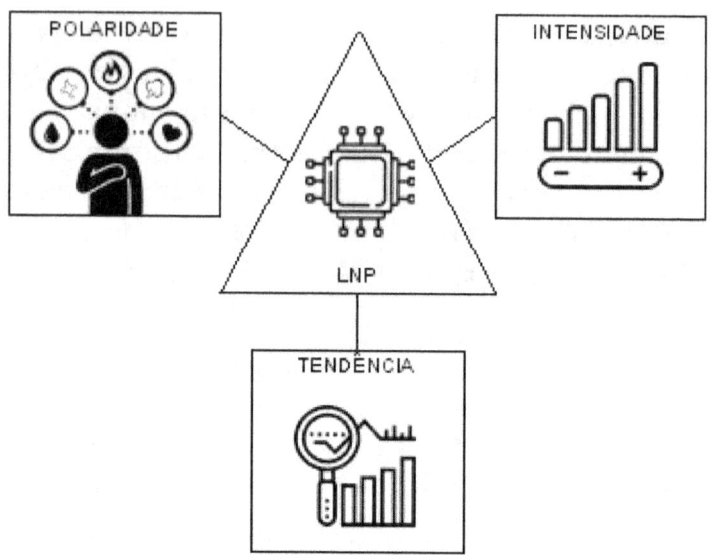

Em 2015, Adam Mckay lançou o filme que retratava momentos cruciais antes do colapso do mercado de hipotecas subprime dos EUA em 2008. O filme "The Big Short" mostrava como investidores utilizavam estatísticas de maneira distinta para determinar estratégias de negociação e momentum. O negociador Michael Burry, um gestor de fundos de hedge, usou estatísticas para determinar o risco de inadimplência das hipotecas subprime, identificando quando um número expressivo de empréstimos estava destinado ao colapso. Essa conclusão o levou a negociar com bancos a compra de seguros chamados "credit default swaps" (CDS), que o recompensariam caso o mercado imobiliário americano entrasse em colapso. Os CDS tiveram um papel relevante no colapso dos bancos, pois expuseram o frágil sistema subprime. A empresa AIG foi a maior emissora de CDS, um produto rentável, pois não acreditava em um colapso no mercado hipotecário americano. No entanto, com o aumento desproporcional da inadimplência, a empresa foi forçada a pagar grandes quantias para cumprir suas obrigações. Isso causou insolvência em escala e exigiu fundos externos, o que acionou o sinal de alerta e a intervenção do governo americano. A negociação de Michael Burry para a criação dos CDS era um modelo "ganha-perde", mas mostra como percepções distintas beneficiam uma das partes. Burry nunca teria sucesso em sua negociação de CDS se a AIG também compreendesse a inadimplência. Inclusive, a AIG poderia ter evitado um colapso iminente.

O "risco estatístico" fundamenta o alerta e organiza o portfólio para que haja a mitigação do risco. Negociadores experientes diversificam a carteira com fornecedores, clientes e ativos para minimizar colapsos. A análise constante de risco e ações proativas que incrementam variáveis que minimizam riscos são profissionais. Portanto, uma negociação não pode ser vista isoladamente, onde duas partes igualam argumentos e forças para resultados entendidos como o melhor possível ou "ganha-ganha". A negociação pontual precisa caminhar junto com a estratégia que posiciona o negociador em uma situação onde é possível fazer escolhas. Quando um negociador é dependente da outra parte, há um risco, assim como a AIG que se tornou dependente do CDS. Um negociador representa uma empresa e seus próprios interesses, por isso, a cada negociação é preciso revisar como o todo será influenciado pelo resultado de uma negociação pontual. É tentador receber uma oferta irrecusável de um fornecedor que incrementará significativamente o lucro da empresa. Negociações não são isoladas no mundo corporativo. A AIG poderia ter fechado um CDS com Michael Burry e não sofrido nenhum abalo caso o mercado entrasse em colapso. No entanto, foi a oferta dos CDS e milhares de segurados que ocasionaram a insolvência. O mesmo ocorre quando um vendedor negocia grandes volumes com um grande cliente e torna-se dependente daquele negócio e relacionamento, ou quando um comprador negligencia outras opções de abastecimento, pois entende que o fornecedor atual e o relacionamento comercial são vantajosos. Em qualquer situação onde há dependência, há a possibilidade de dominância, sendo provável um desequilíbrio, que levará as negociações a esferas emocionais. Ao presenciar uma relação de dependência que pode levar ao colapso financeiro de determinado produto, segmento e inclusive da empresa, acordos e decisões devem considerar o risco.

O risco é de grande importância na abordagem comercial e deve ser avaliado com base na probabilidade de uma reação negativa ou positiva, bem como na sensibilidade para lidar com uma variável específica. A probabilidade consiste em compreender as reações diante de argumentos específicos, desde a argumentação contrária até a decisão de deixar a mesa de negociação, ou mesmo retaliar com o cancelamento do negócio.

Argumentos que têm uma alta probabilidade de gerar reações negativas devem ser cuidadosamente elaborados, de modo a garantir que a sensibilidade decorrente de uma reação que envolve risco seja minimizada. Os negociadores podem utilizar sua autoridade como um meio para reduzir essa sensibilidade e podem abordar diferentes questões separadamente, assegurando tempo para reflexão e alinhamento interno, evitando assim reações negativas emocionais de alta probabilidade.

O "método Monte Carlo" foi criado pelos gênios matemáticos Stanislaw Ulam e John von Neumann. O método consiste em simular diversos cenários aleatórios e estimar resultados possíveis. A abordagem do "método Monte Carlo" é lógica, pois reconhece o problema, quantifica as variáveis e calcula resultados a partir de amostragem e simulações. Monte Carlo é utilizado em negociações para resolução de disputas e para identificação de momentos críticos. Por exemplo, para definir o lançamento do McNuggets e os preços de venda, o McDonald's poderia utilizar um modelo que variasse o custo com base nos valores de milho e soja, mas também poderia considerar outras variáveis, como clima, competição entre produtores, falência de produtores, custo de transporte e flutuação de volume de mercado. Perceba que ao incluir mais variáveis e inter-relações, a capacidade de determinar possíveis impactos no lucro do McNuggets se torna complexa. O método de Monte Carlo atribui dados aleatórios às diversas variáveis e os correlaciona com o lucro do McDonald's, compreendendo um preço fixo. A aleatoriedade definirá momentos críticos que antecipam ao time executivo compreender o cenário aleatório e determinar a atuação. Em negociações, é bastante útil, pois define condições "ganha-ganha", não com base no acordo atual, mas no impacto que determinado acordo pode causar ao negócio.

No método de Monte Carlo, são testados os resultados de várias ações. Portanto, um negociador pode selecionar uma parte (amostragem) dos clientes e fornecedores e definir abordagens específicas, avaliando contra-argumentações e resultados. A modelagem envolve a definição de variáveis aleatórias, como redução de negócios, aumento de negócios, taxa de câmbio, preços de commodities, concorrência, desinteresse comercial e qualquer abordagem criativa que exija uma resposta.

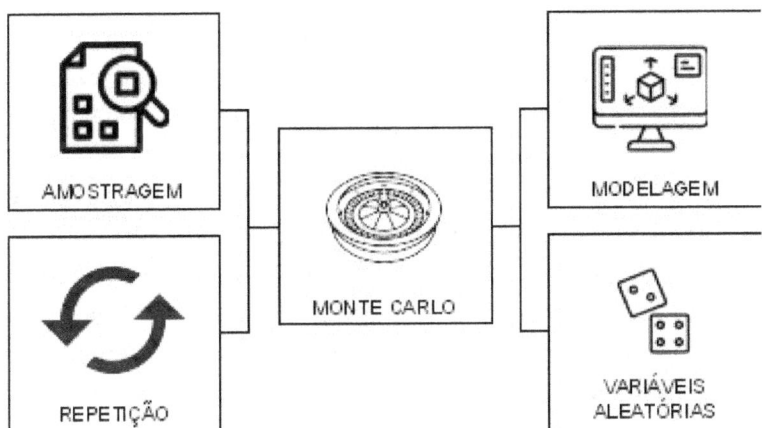

AMOSTRAGEM

MODELAGEM

MONTE CARLO

REPETIÇÃO

VARIÁVEIS
ALEATÓRIAS

A repetição das abordagens e das variáveis, bem como as respostas dos clientes, determinarão padrões. É importante trabalhar com variáveis lógicas que impeçam que as variáveis aleatórias desvalorizem a negociação.

A Vanguard Group é a maior gestora de investimentos do mundo, administrando mais de 7 trilhões de dólares. A Vanguard foi fundada em 1974 por Jack Bogle e enfatiza uma filosofia de simplicidade, diversificação e paciência. Para Jack, os investidores devem evitar a euforia de identificar momentum e focar na estratégia e nas negociações de ativos em um modelo diversificado e de longo prazo. Em 2008, a Vanguard foi avaliada de perto, pois os investidores queriam saber se a abordagem de diversificação era sustentável em condições extremas. O fundo Vanguard 500 apresenta ganhos consistentes e, apesar de aproveitar ondas de momentum, tem um desempenho médio impressionante, o que traz segurança aos acionistas. Negociar um ativo (ações) é similar a negociações comerciais, quando se escolhe clientes ou fornecedores através de acordo, é definida a configuração da carteira da empresa. A gestão dos acordos comerciais em negociações define o desempenho da empresa, tanto na geração de receita quanto no controle dos custos que determina a lucratividade. Um negociador precisa levar em consideração sua carteira de clientes ou fornecedores, não focando em momentum, mas em consistência. Para isso, a gestão da carteira é estratégica e base para negociações comerciais bem-sucedidas.

O modelo "média-variância" foi desenvolvido por Harry Markowitz e lhe rendeu o Prêmio Nobel. Em 1952, Markowitz apresentou algo que é a base para diversos fundos de investimento, como a Vanguard. Neste modelo, é possível determinar configurações que definem o equilíbrio entre retorno esperado e risco. O risco é determinado pela volatilidade dos preços dos ativos, que ao serem diversificados com outros ativos resultam em estabilidade. Para Markowitz, é pré-requisito que negociadores sejam racionais e a estatística de risco e a redefinição do resultado esperado estão correlacionados. Um negociador pode depender de um ativo, cliente ou fornecedor, logo todo o desempenho estará sujeito a uma única variável. Quando o negociador estabelece uma carteira, multiplicando ativos, receita e custos, automaticamente há uma minimização da volatilidade, mas também das expectativas de resultados. Através do modelo de Markowitz, se determina a média de retorno histórico de uma carteira, ao mesmo tempo em que se avalia a variância e flutuação de preços para a carteira. Com uma carteira pré-definida, são efetuadas correlações, possibilitando compreender padrões e similaridades de comportamentos, o que evitará a diversificação em uma carteira que terá flutuações equiparadas. A carteira é construída racionalmente, entendendo que quanto menor o risco, menor será o retorno esperado. Ao construir a carteira amparada pelo modelo de Markowitz, o negociador define como as negociações serão estabelecidas.

O modelo de Markowitz oferece ao negociador uma visão mais ampla da carteira de clientes e fornecedores que requerem negociação. Ele permite a criação de uma abordagem que diversifica as opções, embora, em alguns casos, exija decisões que envolvem um trade-off, o que significa que, muitas vezes, pode ser necessário abrir mão de ofertas mais vantajosas ou de uma parceria de longo prazo para compor uma carteira com menor risco.

O foco de Markowitz está na mitigação de riscos e frequentemente limita as possibilidades de ganhos alavancados. A análise associada ao modelo demonstra que a carteira pode absorver variações emocionais, bem como falhas gerenciais e financeiras por parte dos clientes e fornecedores, sem comprometer o negócio. O foco do modelo de Markowitz é estratégico e define a abordagem das negociações.

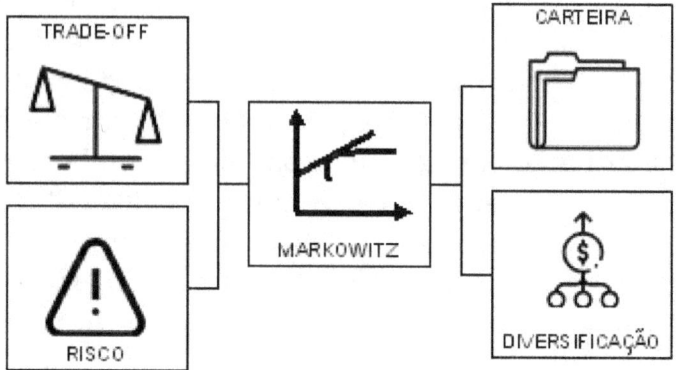

Negociadores habilidosos, em qualquer aspecto, desde negociações críticas como sequestros até negociações comerciais de fusões e aquisições, usam a estatística para antecipar possíveis cenários, permitindo que o negociador se prepare para armadilhas. A estatística define a probabilidade de um evento ocorrer, nesse caso, argumentos e concessões podem ser avaliados sem surpresas. Qualquer negociação lida com o inesperado, desde reivindicações ocultas até inflexibilidade total da outra parte. Não saber como lidar com o inesperado traz condições emocionais para a mesa de negociação e pode levar a acordos mal-sucedidos e prejudiciais para a corporação. Um negociador não desenvolve habilidades apenas para ler linguagem corporal ou influenciar um único acordo, mas para criar valor em cada negociação realizada. Isso determina o risco da organização, os resultados potenciais e a configuração de ativos, clientes e fornecedores.

Um negociador inevitavelmente lidará com a probabilidade de um evento ocorrer. Compreender a probabilidade e levá-la em consideração ao construir cenários e resultados é fundamental para uma preparação adequada. A probabilidade é uma medida numérica que representa a chance de um evento específico acontecer e é representada por um número de 0% a 100%. Em jogos de azar, assim como em qualquer situação, a probabilidade é calculável. Em um jogo de dados em um cassino, o vencedor é definido quando a soma de "sete" ou "onze" ocorre, neste jogo, a probabilidade de vencer é de 49,29%. No jogo da roleta, no entanto, a probabilidade de acertar um número exato cai para 2,70%. O cassino oferece uma recompensa maior para jogadores que assumem riscos com baixas probabilidades, motivando os jogadores em troca de uma possível recompensa. Negociadores não podem ser tentados pela emoção de altos ganhos, mas devem ter uma carteira estável que lhes permita assumir riscos controlados.

Quando a Disney comprou a Pixar por US$ 7,4 bilhões, havia a probabilidade de que o acordo fosse alavancado. O investimento foi insignificante e de baixo risco em comparação com o resultado obtido. A Disney diversificou seus produtos no mesmo segmento e usou "Toy Story" e "Monstros S.A." para gerar receita, mas também criou sucessos como "Frozen", "UP" e "Zootopia" com a tecnologia de animação adquirida. Steve Jobs, ancorando o preço de compra e aceitando ações da Disney, teve sucesso porque diversificou seus ativos em ações da Disney, que só se valorizaram devido ao sucesso do mercado de animação. Havia a probabilidade de que o mercado de animação não crescesse exponencialmente, mas as chances eram baixas quando combinadas com os filmes de sucesso e a reputação cinematográfica da Disney.

No entanto, a fusão da AOL e Time Warner por US $ 164 bilhões mostrou uma baixa probabilidade de sucesso. A tecnologia de internet discada da AOL estava desatualizada, o que poderia ser um problema para expandir a marca Time Warner. Havia o risco de falta de sinergia entre as empresas devido à cultura e ao segmento de atuação. Havia o risco de desacordos sobre decisões estratégicas relativas a prioridades de investimento e gestão de resultados. A AOL assumiu altos riscos ao investir um capital substancial na fusão com a Time Warner, apesar de sua posição de liderança no segmento de internet discada, não havia coerência em como o capital investido poderia retornar à AOL. Associar racionalidade a um acordo comercial, como a aquisição da Pixar ou a fusão com a Time Warner, permite a construção de cenários lógicos e a determinação da probabilidade de sucesso.

Nas negociações, o acordo deve ser baseado em princípios lógicos definidos por premissas e critérios racionais que permitem a medição do sucesso. Um acordo que sugere a possibilidade de um resultado "ganha-perde" deve ser avaliado sob a perspectiva da probabilidade e do impacto nos negócios. Assumir altos riscos em busca de grandes recompensas resulta em frustração quando a carteira não está projetada para absorver falhas. O negociador precisa avaliar condições de domínio, equilíbrio estratégico para definir argumentos e concessões que reconheçam um acordo como parte de um todo, e não apenas um evento isolado. O "viés positivo" traz a percepção de que o acordo terá resultados positivos, o que é uma falácia quando não é respaldado pela lógica, estatísticas e probabilidade. Um acordo mal-sucedido pode ocorrer, mas não deve ser uma surpresa para o negociador, pois um cenário negativo sempre pode ser elaborado, mesmo com baixa probabilidade de acontecer. Dessa forma, o negociador e a empresa se preparam para condições negativas prováveis.

[Capítulo 6] Teoria dos Jogos

"A teoria dos jogos fornece uma maneira exata de formular a noção informal de estratégia."

(John von Neumann)

Em 1998, os pescadores em Bonaire, uma ilha do Caribe, enfrentaram um grande problema local, no qual utilizavam a técnica de "pesca de cerco," que consistia em cercar cardumes inteiros de peixes com redes e puxá-los para a praia. Embora essa técnica fosse altamente eficiente, resultava na redução da quantidade de peixes na região. O governo de Bonaire, então, decidiu implementar políticas de conservação, proibindo a "pesca de cerco" ao redor da ilha. Isso afetou diretamente o trabalho dos pescadores e o sustento de suas famílias, gerando um impasse entre os pescadores e o governo.

Como solução, foram oferecidas duas opções para os pescadores: optar pela "pesca de cerco" ou pela pesca sustentável, utilizando anzol e linha. No entanto, mesmo diante dessas alternativas, era importante que o governo de Bonaire conseguisse convencer os pescadores de que a pesca sustentável era a melhor opção a longo prazo. A cooperação dos pescadores era fundamental para a recuperação da população de peixes e a preservação da qualidade do habitat marinho.

O problema residia no fato de que apenas mostrar os benefícios a longo prazo não garantiria a adesão dos pescadores. Caso poucos deles aderissem à pesca sustentável, a "pesca de cerco" continuaria a prejudicar a pesca sustentável, colocando em risco a sobrevivência dos peixes. O governo de Bonaire adotou uma abordagem inteligente e focada na cooperação. Além de educar os pescadores sobre os riscos para o habitat marinho, ofereceu compensações financeiras, recompensas para aqueles que aderissem à pesca sustentável, além de treinamento e equipamentos. Isso despertou o interesse conjunto e resultou em adesão em massa.

A teoria dos jogos é uma especialidade da matemática que estuda o comportamento de agentes em situações de interdependência, onde as ações de um agente afetam o resultado dos outros envolvidos. Ela complementa as abordagens de lógica e estatística. John Von Neumann e Oskar Morgenstern desenvolveram essa ciência matemática com o objetivo de antecipar os movimentos estratégicos de jogadores em ambientes econômicos, políticos e de guerra. Von Neumann percebeu que os jogadores tomavam decisões considerando as escolhas dos outros, tornando a previsão dos resultados individuais e conjuntos a correlação das decisões de todos os jogadores combinadas. Em ambientes de colaboração, os jogadores ajustam suas estratégias para se equilibrar com o mercado. Entretanto, em ambientes de conflito e competição, os jogadores adaptam suas estratégias para medir e confrontar forças, visando uma posição dominante. Para Von Neumann, as inter-relações eram calculadas matematicamente, e as proporções estatísticas numéricas definiam cenários prováveis.

Na área de negociações, a teoria dos jogos possibilita entender as estratégias dos outros jogadores, determinar probabilidades e redesenhar abordagens estratégicas específicas. Ao compreender a estratégia da contraparte, é possível estabelecer posições, argumentos e concessões que resultam em um ambiente cooperativo ou conflitante. Em um jogo com dois ou mais jogadores, é possível determinar se os jogadores adotam estratégias para um jogo de soma zero, no qual um jogador só ganha se os outros perdem, ou para um jogo de não-soma zero, no qual as estratégias próprias e dos outros influenciam o resultado de todos os envolvidos, dependendo das combinações de estratégias e posições dominantes estabelecidas.

Um jogo "ganha-ganha" não implica que todos os jogadores ganhem, mas sim que as estratégias combinadas possibilitam menores perdas e equilíbrio no resultado dos participantes. Quando um primeiro vendedor repassa preços desproporcionais ao comprador, incentiva o comprador a ajustar sua estratégia de compras e buscar um segundo vendedor, forçando o primeiro vendedor a rever sua estratégia e reduzir os preços para não perder receita ou cliente. Essa dinâmica é semelhante quando um comprador pressiona por reduções unilaterais e obriga o fornecedor a se reposicionar. A dinâmica da teoria dos jogos utiliza a lógica para compor movimentos e a estatística para determinar e medir a probabilidade de reposicionamento. É importante compreender as barreiras, incentivos e recompensas que levam ao reposicionamento, que pode ser racional ou emocional.

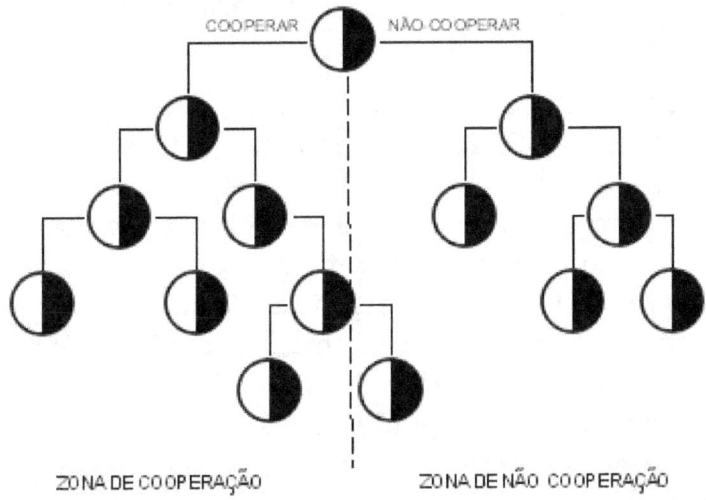

Em 2016, os hackers conhecidos como "The Shadow Brokers" leiloaram informações confidenciais roubadas da NSA. Um leilão público em bitcoins foi aberto, e caso não houvesse nenhuma oferta, as informações seriam vazadas. Os hackers não receberam nenhuma oferta, mas também não vazaram as informações. Um segundo leilão foi iniciado, desta vez com um valor inicial de dez mil bitcoins, mas também não teve sucesso. A abordagem dos hackers é compatível com a ciência da teoria dos jogos. O leilão forçou um jogo de soma zero, onde apenas um jogador teria acesso às informações. No entanto, o cenário de vazamento de informações inibiu as ações dos jogadores, que tinham medo de fazer a oferta mais alta e ainda assim ter as informações vazadas. O leilão é um jogo que determina um vencedor com base na simples regra do lance mais alto, com apenas um jogador recebendo a recompensa.

Ao usar a teoria dos jogos para associar as estratégias dos jogadores e redesenhar a própria estratégia, é possível identificar movimentos definidos destinados à cooperação ou ao conflito. A abordagem emocional de "aversão ao risco" sugere oportunidades únicas, incitando um senso de urgência. No entanto, quando a mesma oferta é percebida como um "blefe", os jogadores podem contra-atacar a abordagem emocional. Um comprador que solicita um desconto de 20% ao vendedor, alegando que o negócio migrará para a concorrência, coloca-se em uma posição dominante e força uma ação conflituosa se não houver base lógica ou se o fornecedor não tiver espaço significativo para uma contra-oferta. O comprador assume um risco ao forçar uma situação de soma zero. Abordagens de soma zero podem destruir relacionamentos, pois obrigam a contraparte a redesenhar sua estratégia diante do risco iminente. A teoria dos jogos garante que abordagens comerciais possam ser estruturadas de maneira que cenários lógicos e prováveis definam argumentações percebidas como cooperativas. O "blefe" só é bem-sucedido se a contraparte não associar cenários de cooperação e conflito. Nesse caso, a emoção impulsiona a fuga ou o confronto, características que são determinantes entre negociadores sem um plano racionalizado.

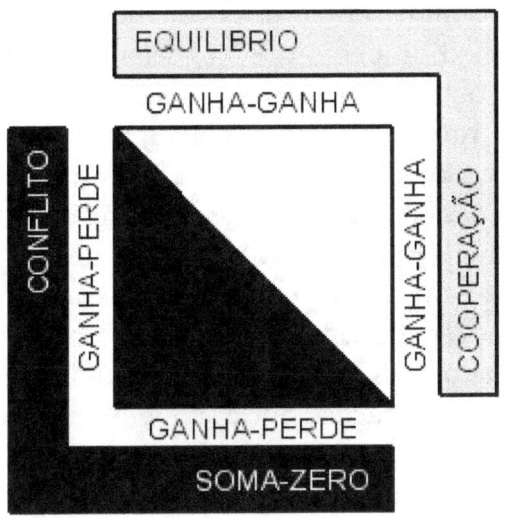

Em 2008, Christopher Nolan lançou "O Cavaleiro das Trevas", um sucesso crítico e comercial. Heath Ledger interpretou o Coringa, e Christian Bale interpretou o Batman. Neste filme, uma cena icônica retrata um jogo promovido pelo Coringa, onde os jogadores são civis e prisioneiros em barcos diferentes. Cada grupo de jogadores recebe um detonador capaz de explodir o barco do adversário. A regra estabelecida pelo Coringa impõe um jogo de "soma zero", onde para sobreviver, é preciso explodir o barco do oponente; caso contrário, ambos os barcos explodirão à meia-noite. Nolan mostrou uma dinâmica clássica da teoria dos jogos, onde a decisão de cooperar ou trair determinaria o resultado. Apesar do filme levantar questões morais e estabelecer um cenário menos provável, onde nenhum dos barcos explode, a teoria dos jogos sugeriria explodir o barco do oponente o mais rápido possível, apesar do alto risco de ser explodido primeiro. Negociadores experientes precisam ter clareza sobre cenários potenciais e a resolução mais provável, seja em uma abordagem cooperativa ou orientada para o conflito. Em "O Cavaleiro das Trevas", é possível traçar um cenário "cooperativo" onde nenhum detonador é ativado, resultando em uma explosão generalizada, outro cenário de "traição mútua" onde os detonadores são acionados simultaneamente, e dois cenários de traição e cooperação onde aquele que coopera é detonado. Na teoria dos jogos, a probabilidade de traição é amplificada quando se introduz um limite de tempo. Portanto, racionalmente, a cena dos barcos no filme do Batman teria tido um resultado mais dramático.

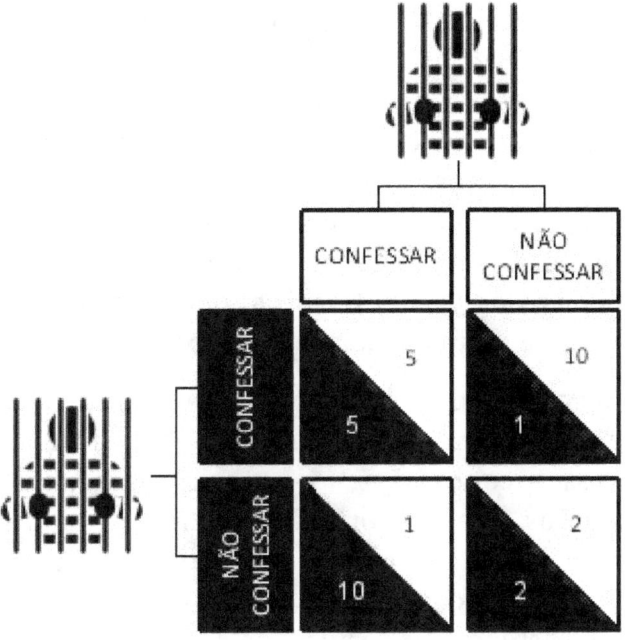

A modelagem de um jogo com dois jogadores atribui à interação entre cooperar e trair em detrimento de um resultado provável em cenários pré-estabelecidos. Um jogo clássico é o "dilema do prisioneiro", no qual dois presos são interrogados individualmente, sendo oferecida a opção de "confessar" ou "não confessar" o crime. A pena é atribuída com base na correlação de respostas. O primeiro cenário ocorre quando ambos os presos confessam, resultando em uma sentença de cinco anos de prisão para ambos. Outros dois cenários são definidos quando um decide confessar e o outro não: neste caso, quem confessa tem sua pena reduzida para um ano, enquanto o outro preso recebe dez anos de prisão. O último cenário ocorre quando nenhum dos presos confessa, resultando em uma pena de dois anos de prisão para cada um. Na teoria dos jogos, há uma representação gráfica que possibilita refletir e associar resultados para cada configuração possível. As iterações mostram como os jogadores podem se posicionar e quais as consequências relacionadas. Essa modelagem permite atribuir probabilidades a partir da lógica, determinando o cenário mais provável e a melhor posição a ser tomada.

Em negociações, a funcionalidade da representação gráfica é desenvolvida à medida que argumentos, critérios, concessões e posicionamentos são entendidos. Dessa forma, é possível determinar, em um jogo com dois ou mais jogadores, a abordagem de "cooperação" e "não cooperação", o que permite determinar resultados possíveis e prováveis. Negociadores habilidosos utilizam intuitivamente a teoria dos jogos e definem estratégias e abordagens que fundamentam cenários possíveis. Por exemplo, um vendedor pode pleitear um aumento de preço para um cliente, ao mesmo tempo em que oferece uma redução para outro. Mesmo assim, está cooperando, uma vez que a estratégia é adaptada para o segmento de atuação dos clientes e para o equilíbrio de riscos na carteira. Uma negociação "ganha-ganha" está muito mais relacionada ao equilíbrio das estratégias de diversos jogadores do que a todos terem exatamente a mesma margem de lucro. Na teoria dos jogos, é destacado um cenário chamado "Equilíbrio de Nash", que determina o cenário no qual os jogadores são incentivados a manter suas estratégias, levando a estratégias específicas dos jogadores em prol de um equilíbrio mútuo no comércio. Esse cenário mostra que negociadores não podem focar apenas em uma estratégia própria isolada, mas devem compreender as estratégias dos demais e adaptar sua posição em detrimento do melhor benefício individual.

Em 1990, as empresas American Airlines, Delta Air Lines e United Airlines foram acusadas de participar de um cartel para fixar preços de passagens aéreas e restringir a concorrência. As acusações incluíam a coordenação para aumentar tarifas e taxas, limitar a disponibilidade de assentos em determinadas rotas e manipular os preços de forma prejudicial aos consumidores. A dinâmica do "dilema do prisioneiro" foi caracterizada nessa situação, onde as empresas cooperaram para aumentar mutuamente os preços das passagens. A teoria dos jogos também determina movimentos ilegais, o que exige ações mais drásticas quando identificados. No caso das empresas aéreas, ao fixarem preços ligeiramente mais altos, sem a possibilidade de uma concorrência saudável, apesar da cooperação coordenada, prejudicavam os consumidores. Nesse caso, a dinâmica está em um jogo de soma zero, onde, para as companhias aéreas ganharem, os consumidores precisavam perder, definindo uma ação ilegal. O dilema se encontrava entre "aumentar" e "não aumentar" os preços. Quando as empresas perceberam que "aumentar" os preços coordenadamente não exigia esforços por produtividade e criação de valor, automaticamente estavam criando um cartel, onde as rotas eram ajustadas para equilibrar receitas e lucros em um oligopólio pré-determinado.

Três abordagens definem como negociadores adaptam estratégias para maximizar resultados em uma configuração associada à cooperação e conflito. Essas abordagens buscam configurar o tipo de jogo que os jogadores realizarão e procuram jogadores dispostos a se submeter às regras estabelecidas. Uma abordagem estratégica de negociação define posições dominantes e regras que fundamentam como os jogadores devem se posicionar para se adaptar ao ambiente desenhado. Uma abordagem estratégica nem sempre consegue acomodar jogadores, logo, os ajustes devem ser repensados para que haja aderência estratégica e as negociações sejam passíveis de serem conduzidas.

A primeira abordagem é a estratégia de "jogos conflitantes". Nessa abordagem, recompensas são forçadas, o que promove a não cooperação. A noção de soma zero leva os jogadores a desafiarem uns aos outros por uma posição de vencedor, estando dispostos a aceitar regras que atribuem a posição de dominância, com foco no "tudo ou nada". A abordagem de "jogos conflitantes" é observada em leilões e no mercado de commodities, onde os preços flutuam de acordo com as dinâmicas de oferta e demanda. Em leilões, apenas a melhor oferta leva a recompensa, enquanto em commodities, os produtores elevam os preços quando há alta demanda, e somente aqueles dispostos a pagar um valor maior recebem a commodity, já que se sabe que não há produto para todos. Isso cria uma abordagem de soma zero, na qual os produtores de commodities se beneficiam da escassez. Produtos exclusivos podem levar a um jogo conflitante quando o fornecedor busca dominar o relacionamento comercial devido à falta de opções para o comprador, elevando os preços sem justificativa lógica e colocando o comprador em posição de refém. Não é apenas o vendedor que tem o privilégio de construir um jogo conflitante; o comprador, ao criar um ambiente competitivo e motivar os vendedores a oferecerem preços em troca de participação no negócio, também desenvolve um ambiente propício para a rivalidade, onde os jogadores se desafiam em um resultado de soma zero.

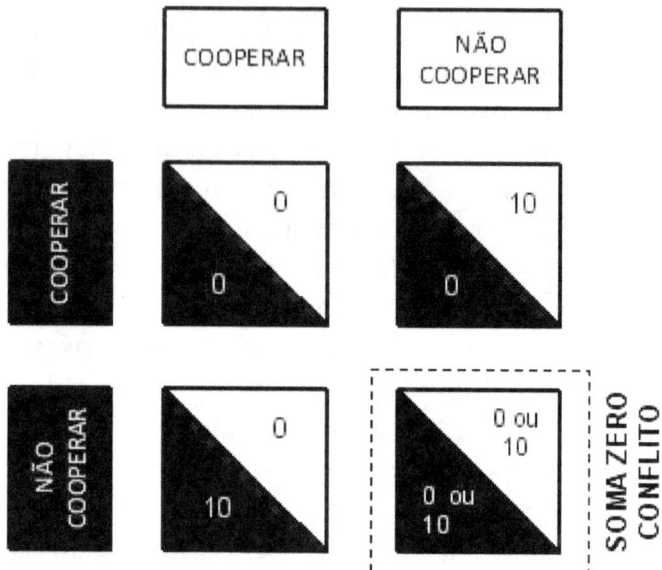

Na abordagem de "jogos conflitantes", é possível perceber movimentos no setor automobilístico, no qual o poder de compra é imerso em regras de conflito. Novos lançamentos forçam os fornecedores a competirem por preços para garantir o negócio. Além de baixos custos, as regras precisam se adequar a critérios específicos de qualidade, logística e jurídica. A abordagem conflitante reduz o número de jogadores e coloca as montadoras de veículos em uma posição menos privilegiada. Os "jogos conflitantes" no setor não são fundamentados apenas no poder de compra das grandes fabricantes, mas também na dinâmica de mercado. Os consumidores finais de carros são atraídos por novos lançamentos e buscam o melhor custo-benefício, uma vez que essa decisão será mantida por anos. A infraestrutura de vendas e a disponibilidade imediata dos produtos influenciam a competição. Portanto, empresas como a Volkswagen têm mais chances de competir em "jogos conflitantes", pois têm mais facilidade de acesso ao cliente final e escala para influenciar a cadeia de abastecimento. A Volkswagen, devido ao seu porte, tinha vantagem sobre a Fiat e a Peugeot até ambas as empresas se fundirem na Stellantis. A Fiat e a Peugeot, ao perceberem os "jogos conflitantes", tiveram que adaptar sua estratégia para competir com empresas como a Volkswagen e a Toyota. No setor automotivo, não há cooperação estratégica, e, portanto, segmentos específicos, como veículos compactos e utilitários, precisam ser adequadamente planejados para permitir que os investimentos sejam recuperados com uma margem de lucro adequada. A criação da Stellantis em 2021 marca uma mudança significativa na cooperação entre empresas automobilísticas para competir em um "jogo conflitante". Tanto a Fiat quanto a Peugeot revisaram suas estratégias, o que alterará a forma como negociam com o mercado consumidor e os fornecedores.

A segunda abordagem é a estratégia de "jogos cooperativos", na qual as estratégias são desenvolvidas levando em consideração a posição dos concorrentes. Nos "jogos cooperativos", o valor está em evitar conflitos em grande escala, e a estratégia é projetada para que a receita seja atribuída a segmentos específicos com pouca competição. Na cooperação, os jogadores oferecem opções distintas e adaptam estratégias, proporcionando espaço para os demais jogadores, desde que não haja confronto direto em grande escala. Nos "jogos cooperativos", a figura de John Nash é reconhecida, pois ele conseguiu comprovar que naturalmente o mercado tende a se equilibrar, reconhecendo que dinâmicas e estratégias de negociação são adaptadas ao longo do tempo para equilibrar os resultados. Para John Nash, o cenário de "Nash Equilibrium" determina que os jogadores ajustarão suas estratégias quando o resultado for influenciado ou quando as estratégias dos demais jogadores influenciarem a possibilidade de maximizar um equilíbrio em resultados satisfatórios. Os "jogos cooperativos" sugerem um cenário de equilíbrio que fundamenta alterações significativas nas estratégias dos jogadores para maximizar o resultado sem envolver confronto direto com a concorrência. A estratégia de negociação pode ser baseada no portfólio de produtos, em parcerias estratégicas, em segmentos específicos de atuação, em fusões e aquisições e em investimentos em inovação. O objetivo dos jogadores é evitar o confronto, o que direciona a uma dinâmica cooperativa.

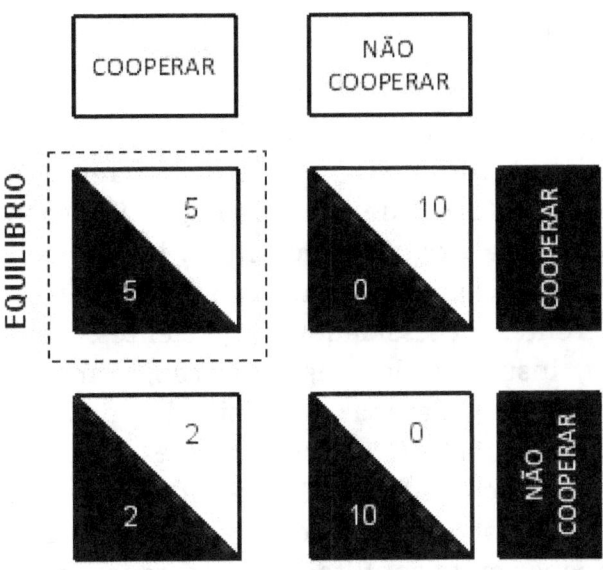

Na abordagem dos "jogos cooperativos", a indústria farmacêutica desempenha um papel relevante que posiciona as empresas nessa configuração específica. Empresas farmacêuticas alocam parte de sua receita no desenvolvimento de novos produtos. O setor de saúde é vasto e oferece oportunidades para diversas empresas atuarem em doenças e grupos de pacientes específicos. Isso permite que diferentes soluções sejam apresentadas para uma mesma doença, atendendo a necessidades específicas dos pacientes. Por exemplo, no segmento de diabetes, empresas como Sanofi, Novo Nordisk e Eli Lilly cooperam com instituições acadêmicas e startups para desenvolver produtos inovadores. Essa abordagem garante que empresas concorrentes não invistam pesadamente na mesma solução, minimizando a competição direta e protegendo globalmente por meio da propriedade intelectual.

Duas empresas concorrentes podem cooperar no desenvolvimento da mesma solução para a diabetes, mas com foco em aspectos diferentes, como duração ou forma de administração. Por exemplo, a Humalog e a NovoLog são ambas insulinas de ação rápida, mas ajustaram suas fórmulas para atender a diferentes necessidades de pacientes. Da mesma forma, insulinas de longa duração, como Basaglar e Lantus, abordam as necessidades dos pacientes de maneira distinta. Essas variações na formulação visam atender a diferentes necessidades e passam por investimentos e aprovações específicos. A cooperação não apenas evita conflitos pelo mesmo mercado, mas também oferece mais opções aos pacientes. Optar pela cooperação na indústria farmacêutica resulta em investimentos focados em soluções específicas, patenteadas e que geram resultados consistentes ao longo dos anos.

A terceira abordagem é a estratégia dos "jogos adaptativos", que envolve ajustes constantes nas estratégias em negociações repetitivas, considerando o posicionamento da contraparte e as mudanças de mercado. Empresas estão constantemente se reinventando, e, apesar das tendências para cooperação ou conflito, como visto nas indústrias automotiva e farmacêutica, a adaptação é frequentemente necessária devido à aceitação de determinadas estratégias pelo mercado.

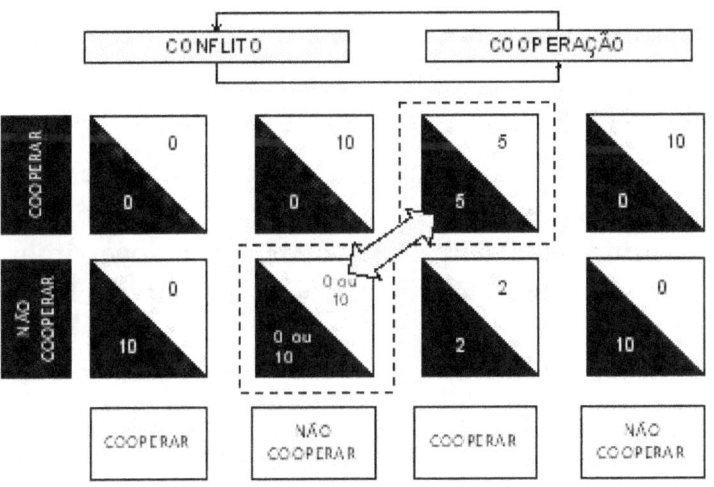

Por exemplo, a Tesla adaptou sua estratégia para não competir diretamente com veículos a combustão, e seu sucesso nessa abordagem atraiu grandes montadoras. A Netflix também precisou adaptar sua estratégia, eliminando o mercado local de locadoras de vídeo e enfrentando novos concorrentes de peso, como HBO, Amazon e Apple. Quando uma empresa desencadeia mudanças significativas no mercado, é esperado um "jogo adaptativo" por parte dos concorrentes, vendedores e compradores.

Os "jogos adaptativos" resultam em um ambiente comercial caótico, repleto de oportunidades e ameaças para aqueles que conseguem se adaptar rapidamente e compreender as novas regras do jogo. Essa abordagem considera a posição dos jogadores tanto na configuração anterior quanto na atual, buscando entender como os quadrantes estão sendo redefinidos. Por meio da teoria dos jogos, é possível compreender e prever movimentos prováveis de negociadores com inclinações cooperativas ou conflitantes.

Por exemplo, no passado, eletrodomésticos eram projetados para durar, com preços elevados, e os consumidores viam isso como um investimento a longo prazo. No entanto, fabricantes chineses introduziram produtos menos duráveis e com preços significativamente mais baixos. Isso forçou as empresas ocidentais a se adaptarem, resultando em um ambiente mais competitivo por preços. O mercado de nylon também está passando por uma adaptação devido à escassez de matéria-prima e à necessidade de desenvolver alternativas para manter a produção automotiva.

Empresas como BASF, DuPont, Celanese, DSM e Lanxess, assim como toda a indústria automobilística, precisaram se adaptar a uma nova abordagem para o nylon. O mercado de nylon envolve empresas globais com operações em diversos países e milhares de clientes, cada um com necessidades específicas de formulação. Antes da escassez, a abordagem era cooperativa, com componentes projetados para nylons específicos que permaneciam como matéria-prima única. No entanto, a falta de nylon resultou em paradas de produção e prejuízos, forçando o desenvolvimento de opções alternativas de nylon.

Essa adaptação levou os clientes a desenvolverem componentes com opções alternativas, visando minimizar os riscos de abastecimento em caso de falta de uma das fontes. Isso também trouxe competitividade por preços, o que antes não era comum em um mercado cooperativo. O mercado de nylon está se adaptando a uma condição que pode transformar o nylon em uma commodity, o que poderá redesenhar a configuração do mercado.

A BASF, como grande produtora de nylon, terá que se adaptar a um mercado em que a Celanese adquiriu a DuPont e a Lanxess comprou a DSM. Além disso, a transição para carros elétricos e investimentos governamentais está acelerando o desenvolvimento de novos produtos que requerem nylon como matéria-prima. As negociações devem seguir em um "jogo conflitante", mas com uma inclinação cooperativa, com abordagens de preços competitivos, garantia de abastecimento, parcerias estratégicas em desenvolvimento e contratos de exclusividade por benefícios diferenciados. Os clientes se beneficiarão com mais opções e um mercado de nylon que busca trazer de volta um ambiente cooperativo. Os clientes, ao perceberem as opções limitadas, buscarão equilibrar as negociações, buscando preços que beneficiem o retorno do investimento. Os "jogos adaptativos" exigem esforços de ambas as partes, clientes e fornecedores, em busca de um equilíbrio, e isso deve resultar em mais aquisições, fusões e parcerias entre produtores, reduzindo a necessidade de aprovações múltiplas por parte dos clientes em benefício do retorno do investimento. Negociadores aproveitam os momentos de adaptação para oferecer preços mais baixos e melhores margens de lucro, o que deve ser mais aceito pelos produtores no curto prazo.

[Parte 3] A Arte do Acordo

"O segredo da conclusão é saber quando parar."

Albert Einstein

Negociar, argumentar e ceder são ações fundamentais em uma negociação que possibilitam alcançar um acordo. No entanto, o importante é chegar a uma conclusão, seja ela de acordo ou não. O processo de fechamento de um acordo e encerramento de uma negociação pode envolver aspectos emocionais que influenciam a procrastinação ou geram ansiedade. Quanto mais racionalidade, variáveis, análises e pessoas estão envolvidas em um processo de negociação, mais complexo pode ser o processo de conclusão. O conceito de "ganha-ganha" às vezes dificulta as conclusões, porque emocionalmente é mais fácil aceitar uma negociação encerrada quando está claro que houve alguém que saiu em desvantagem no processo.

Em 1998, a Irlanda do Norte assinou o Acordo de Belfast, um acordo de paz que foi alcançado por meio de paciência e diplomacia. Os conflitos na região começaram três décadas antes da assinatura do acordo e envolviam questões religiosas, direitos civis, nacionalismo e ideologia, critérios e variáveis complexas que dividiam o país. As comunidades religiosas estavam divididas entre católicos e protestantes, o que era a causa principal do conflito, já que os católicos buscavam a unificação da Irlanda, enquanto os protestantes desejavam permanecer parte do Reino Unido.

Em 1969, o Reino Unido, em busca de uma solução rápida, enviou o exército para conter a violência e resolver as discordâncias. No entanto, uma medida temporária tornou-se duradoura e intensificou a atuação de grupos paramilitares, como o IRA (Exército Republicano Irlandês) com orientação católica, e o UVF (Forças Voluntárias de Ulster) com orientação protestante. Esses grupos paramilitares radicais promoveram atentados, bombardeios, conflitos armados e assassinatos, expondo o conflito na Irlanda do Norte ao mundo e colocando pressão sobre os governos britânico e irlandês.

As negociações com o IRA e UVF precisavam ser mediadas pelo Reino Unido e Irlanda, que tiveram que cooperar para alcançar uma conclusão. No entanto, toda a pressão emocional e os eventos militares históricos deixaram o IRA e UVF cautelosos. Tony Blair e Bertie Ahern desempenharam papéis relevantes nas negociações, demonstrando cooperação e paciência para alcançar um acordo. Para isso, tiveram que se envolver pessoalmente nas negociações com o IRA e UVF. Ambos os políticos foram bem-sucedidos em suas abordagens, resultando no Acordo de Belfast, baseado no compartilhamento de poder e na busca pela paz, formalizando assim o fim de um conflito que durou décadas.

Um acordo representa a conclusão de um processo de negociação que pode durar horas ou anos. Os critérios gerais costumam ser evidentes e fáceis de identificar, e a abordagem dos negociadores desempenha um papel crucial na resolução. Negociadores impacientes podem forçar situações que ampliam conflitos, distorcendo critérios e criando novas variáveis. A habilidade dos negociadores está em buscar soluções equilibradas e adequadas aos critérios apresentados em determinado conflito, com foco exclusivo em alcançar um acordo coerente.

[Capítulo 7] Procrastinação e Cognição

"Você não pode escapar das responsabilidades de amanhã esquivando-se delas hoje."

(Abraham Lincoln)

Em 1948, Charles Lazarus abriu uma loja de produtos para bebês em Washington DC. Lazarus era um empreendedor brilhante que transformou essa loja de produtos para bebês na maior rede de brinquedos dos EUA, atingindo o ápice de faturamento nos anos 80, com US$ 12 bilhões por ano. A Toy "R" Us tinha um modelo de negócios de sucesso, onde os clientes podiam interagir com os brinquedos, e a marca estabeleceu megalojas em todo os EUA com propagandas criativas e uma seleção invejável de brinquedos. A Toy "R" Us contava com picos de vendas nos períodos de Natal.

No entanto, com o advento da internet, Lazarus não acreditava que as pessoas trocariam o contato com os brinquedos pela comodidade de um clique. A Amazon foi fundada no mesmo ano em que Lazarus se aposentou, em 1994, e a internet ainda era uma aposta desconhecida. No entanto, o comércio eletrônico cresceu muito rapidamente, e a Amazon, após investir no comércio online de livros, passou a focar em brinquedos. A Toy R Us sentiu uma queda no faturamento, reconhecendo a influência da internet, mas não ao ponto de direcionar investimentos para o desenvolvimento de comércio eletrônico em vez de abrir novas lojas. Decisões de investimento foram adiadas por 7 anos, até que a empresa lançou um website. No entanto, esse site não oferecia uma estrutura logística sólida, o que prejudicou a reputação da empresa. Com a redução da demanda e ativos e estoques parados nas lojas, a Toy "R" Us sofreu pesados impactos no fluxo de caixa, o que forçou o endividamento e impossibilitou investimentos em inovação e novos produtos, abrindo espaço para Amazon, eBay, Walmart, Target e suas lojas digitais. Em 2017, a empresa decretou falência.

Adiantar decisões não deve ser confundido com paciência. Existe um viés emocional que precisa ser compreendido com racionalidade e lógica, evitando a procrastinação, que pode resultar na atuação antecipada antes que seja tarde demais. Negociadores dependem do equilíbrio entre o senso emocional e o racional para gerir um acordo. A procrastinação, ato de adiar decisões em busca de um acordo perfeito, muitas vezes é motivada pelo sentimento de "ganha-perde".

A psicologia trata a procrastinação como falta de motivação, comportamento condicionado, trauma emocional, padrões cognitivos disfuncionais, influência social e capacidade de auto-regulação. É irrelevante aprender técnicas de negociação e criar cenários de conclusão se um negociador não desenvolve a capacidade de concluir. Evidenciar a procrastinação é difícil, pois não está apenas relacionada ao atraso de decisões, mas à prorrogação de tarefas necessárias para o fechamento. O negociador procrastinador geralmente busca concessões continuadas da contraparte, pois seu foco está em preencher espaços emocionais. A atitude de procrastinar pode ser manipulada emocionalmente, forçando cenários de "ganha-perde" e lidando com opções que aliviam a pressão emocional e satisfazem o procrastinador.

A procrastinação é crônica e prejudica os resultados e a reputação do negociador e da empresa que ele representa. É importante identificar ações ou a falta delas que indicam que uma determinada negociação está sendo procrastinada. Técnicas simples, como anotar os próximos passos e as datas de conclusão, facilitam a identificação de atrasos. Um atraso nem sempre é evidência de procrastinação e precisa ser avaliado a partir da fonte do atraso ou de qual lado da mesa de negociação está exigindo mais prorrogação de prazos. Ao confirmar a procrastinação como um padrão de comportamento, é importante entender a causa emocional ou o processo burocrático por trás dela. A procrastinação pode ser individual ou cultural, refletindo a relutância de um vendedor em confirmar uma redução de preço ou um comprador em aceitar um aumento de preço, mesmo que os argumentos sejam legítimos.

Acordos precisam seguir um processo com começo, meio e fim. Para isso, é importante registrar premissas de conclusão, avanços na negociação e recomendações de fechamento para auxiliar o processo decisório. Quanto mais pessoas estão envolvidas na decisão, maior é a tendência ao atraso, o que é característico de empresas verticais que limitam a autonomia e promovem a burocracia interna com o intuito de adiar decisões. Em negociações, não se deve esperar ter acesso a todas as variáveis e informações necessárias para decidir. É importante utilizar lógica, probabilidade e teoria dos jogos para complementar cenários e avaliar as consequências. Culturas organizacionais baseadas na procrastinação são prejudiciais para os resultados da empresa. Portanto, é fundamental implementar procedimentos que fundamentem racionalmente as decisões, compartilhando responsabilidades e promovendo acordos racionais. Um procedimento pode ser desenvolvido em quatro passos: o primeiro é o reconhecimento de prazos e mudanças, onde um simples sistema de registro de datas e progresso na negociação pode ser uma solução. O segundo passo envolve evidenciar progresso, já que negociações complexas podem justificar atrasos, mas o avanço é de grande relevância. O terceiro passo é definir uma tecnologia que garanta documentação adequada e envolvimento das partes no compartilhamento de responsabilidades, pois quanto mais concessões, consequências, pleitos, argumentos e critérios forem compartilhados, mais assertividade no acordo. O último passo é manter o registro de pessoas e autoridades que procrastinam decisões ou recusam acordos, possibilitando o rastreamento de participantes, colaboradores e bloqueadores de um acordo.

Em 1962, os EUA confirmaram a instalação de mísseis soviéticos em Cuba, o que alertou para uma ameaça direta à hegemonia americana e à população. Isso ocorreu durante a Guerra Fria, gerando pânico generalizado e pressionando o presidente americano John F. Kennedy a adotar uma abordagem diplomática para resolver a situação com a União Soviética. No entanto, a opinião pública considerou a resposta de Kennedy como procrastinação e exigiu uma retaliação imediata contra Cuba. Durante duas semanas, observou-se movimentações militares em solo cubano sem nenhuma ação imediata por parte do governo americano, o que aumentou a aflição e a pressão popular, além da iminência de um conflito nuclear. O presidente Kennedy optou por adiar qualquer intervenção militar dos EUA e concentrou-se em negociações diplomáticas com o líder soviético Nikita Khrushchev. Essas negociações, apesar de serem percebidas pela opinião pública como procrastinação, tiveram avanços significativos, culminando no acordo de retirada dos mísseis.

Procrastinação nem sempre indica fraqueza, especialmente em conflitos com consequências significativas, onde uma abordagem paciente pode ser mais eficaz do que ações impulsivas e rápidas. Negociações voltadas para um acordo oferecem maior estabilidade, uma vez que não dependem da força como meio de resolução. Negociadores que optam pela força introduzem emoções na mesa de negociação, o que pode resultar em ações drásticas seguidas de frustração e raiva. Negociações que evitam reações emocionais favorecem a construção de acordos duradouros, baseados em critérios e soluções racionais. É importante distinguir entre procrastinação e paciência, sendo esta última altamente recomendada quando é necessário aguardar o momento certo para um acordo. Colocar negociadores sob pressão limita a clareza e pode levar a ações que desencadeiam reações emocionais e retaliações.

Existem sinais que indicam a procrastinação, como evitar reuniões, constantes adiamentos de contra-propostas, superficialidade na discussão dos critérios a serem negociados, acordos sujeitos a revisões constantes e a introdução de novos critérios. A linguagem corporal de um procrastinador costuma transmitir incerteza, com hesitação ao definir posições e olhar evasivo. O procrastinador muitas vezes busca confirmação social e tem dificuldade em se comprometer com um acordo. Em negociações com procrastinadores, é importante ser objetivo e, às vezes, dividir a negociação em partes menores, mais fáceis de serem processadas emocionalmente. A paciência é uma aliada valiosa ao lidar com negociadores instáveis, que buscam argumentar e evitar confrontos para aliviar a pressão emocional. Em negociações em que a incerteza é um fator, é fundamental revisar e formalizar o progresso, o que proporciona tranquilidade cognitiva e evita desequilíbrios emocionais. Uma abordagem paciente, com perguntas abertas que orientem o pensamento e definam critérios-chave para um acordo, é importante em comunicações que demonstrem atenção e compromisso.

A estratégia de um negociador nem sempre é óbvia para os observadores externos e, às vezes, pode ser situacional. A estratégia de negociação pode ser planejada para criar caos e confusão emocional, tornando o acordo mais direto, já que convergem razão e emoção para um desfecho específico. Nesse caso, a percepção de procrastinação é um elemento influenciador. Em abril de 2022, Elon Musk adquiriu 9% das ações do Twitter, tornando-se o maior acionista individual da empresa. No entanto, Musk tinha uma estratégia que foi revelada apenas após a conclusão da compra. Ele planejava tornar o Twitter uma empresa de capital fechado e renomeá-la como "X". O primeiro passo foi fazer uma oferta pública pela empresa e formalizá-la, oferecendo um preço que era 38% superior ao valor das ações. Entre os critérios estabelecidos, havia um específico que exigia que o Twitter divulgasse o número total de usuários e a porcentagem de contas falsas. A pressão dos acionistas sobre a diretoria criou turbulência interna na empresa, levando a demissões de executivos de alto escalão, interrupção de contratações, reestruturação da empresa e dificuldades na confirmação da porcentagem de contas falsas. Externamente, não estava claro se a diretoria e os principais acionistas do Twitter estavam ganhando tempo ou procrastinando uma decisão. Musk suspendeu sua oferta de compra, alegando falta de transparência sobre os critérios solicitados. O problema das contas falsas não tinha uma solução técnica fundamentada, o que expôs a equipe técnica do Twitter. No entanto, como Musk havia formalizado a oferta, havia uma obrigação legal, e novos prazos foram estabelecidos, colocando mais pressão sobre os programadores e a alta administração. Os acionistas e o conselho do Twitter acabaram concordando com a venda para Musk, no valor de $44 bilhões de dólares, mas ainda não conseguiram fornecer uma porcentagem precisa de contas falsas, violando um critério que levou Elon Musk a desistir da compra. Isso resultou em um processo legal em tribunal, que decidiu a favor do Twitter, forçando Musk a aceitar a compra ou enfrentar acusações de manipulação de mercado. Seis meses após a primeira oferta, Musk oficializou a compra do Twitter.

A compra do Twitter demonstrou uma grande pressão emocional de ambos os lados da mesa de negociação, com gatilhos de aversão à perda causando frustração. Isso saiu do domínio da razão quando levado ao tribunal. A pressão da mídia expôs o conselho do Twitter e Elon Musk em relação à compra. Embora houvesse uma oferta na mesa que não foi contestada, o critério das contas falsas se tornou o principal obstáculo para o acordo, criando a percepção externa de procrastinação por ambas as partes. O critério técnico para determinar a porcentagem de contas falsas era complexo e sujeito a diferentes metodologias de cálculo, o que facilitou os desacordos. No entanto, a outra parte não apresentou uma solução.

Em processos procrastinadores, é comum usar o estresse cognitivo para confundir a outra parte, ganhar tempo ou cancelar uma negociação que anteriormente estava mal posicionada. O estresse cognitivo é resultado de situações de estresse, fadiga e exposição, que levam as pessoas a processar informações de forma parcial e tomar decisões sem análises completas. Fatores psicológicos sugerem que os negociadores evitam decisões racionais quando a pressão cognitiva torna o processo mais complexo do que simplesmente seguir a expectativa da autoridade. No caso do Twitter, a oferta de $44 bilhões era fácil de processar, mas a determinação da porcentagem de contas falsas não era. Isso acabou levando a uma situação onde um terceiro elemento precisou intervir para tomar uma decisão, pois o processamento cognitivo complexo era esperado e, como resultado, a decisão provavelmente favoreceria o Twitter.

Na psicologia cognitiva, três vieses cognitivos permitem aos negociadores direcionar suas negociações, adaptando sua abordagem às limitações cognitivas humanas. O "viés de confirmação" é a primeira dessas limitações cognitivas e leva o negociador a aceitar argumentos e ofertas com base em suas crenças pré-existentes. O "viés de disponibilidade" é a segunda limitação cognitiva, levando o negociador a simplificar o acordo com base em informações prontamente disponíveis. O "viés de aversão à perda" é a terceira limitação cognitiva e influencia o negociador a negligenciar informações negativas para evitar riscos. Uma abordagem cognitiva bem aplicada pode mitigar a procrastinação, enquanto sua utilização mal-intencionada pode manipular negociadores menos experientes.

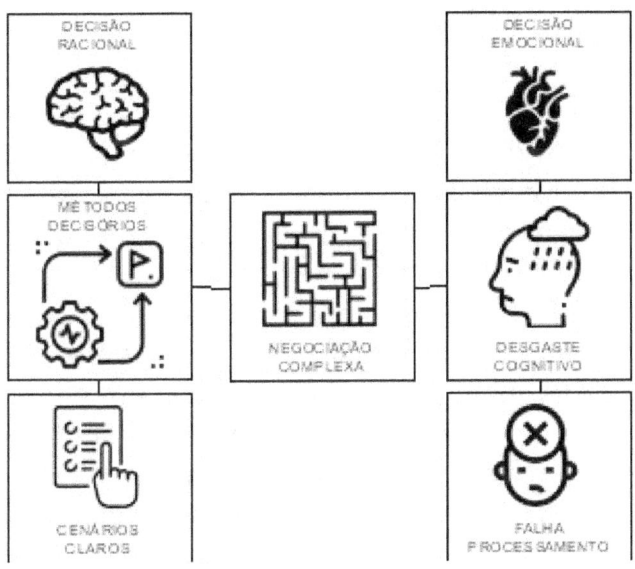

Através do "viés de confirmação", os negociadores filtram informações com o objetivo de obter vantagens e proteger seus próprios interesses. Essa abordagem visa a um resultado "ganha-perde", ocultando informações relevantes e explorando a limitação cognitiva da contraparte que pode não compreender completamente o negócio ou desconhecer fatos relevantes. Na tentativa de influenciar a decisão da contraparte, o negociador opta por não divulgar pontos fracos, como a qualidade do produto, as condições da oferta inicial e a situação financeira delicada da empresa. Ao selecionar e ocultar informações, o negociador guia a contraparte a uma conclusão que confirma apenas os aspectos positivos, principalmente quando a oferta comercial é vantajosa. Nessa abordagem, quando se percebe o "viés de confirmação" na contraparte, são destacadas as informações positivas, exagerando os aspectos positivos e minimizando as preocupações. Na abordagem de confirmação, as informações também são simplificadas, o que dificulta o processamento pela contraparte. Isso permite priorizar informações disponíveis e usá-las como base para argumentos de venda e compra, onde as reivindicações são logicamente justificadas. É possível, por exemplo, usar a taxa de inflação para solicitar um aumento total, mesmo sabendo que a inflação afeta apenas parte dos custos. O "viés de confirmação" garante que pessoas menos experientes negligenciem critérios relevantes devido ao medo de perder, resultando em decisões baseadas em satisfação emocional, como quando se afirma que é a última oportunidade e a contraparte aceita sem mais argumentos. Quando um acordo é fechado com base no "viés de confirmação", há uma alta probabilidade de novos critérios e variáveis surgirem posteriormente na negociação. Compradores experientes são pensadores críticos que aplicam lógica, estatísticas e teoria dos jogos, tornando mais difícil manipulá-los através do "viés de confirmação".

Inevitavelmente, esses vieses cognitivos se entrelaçam, permitindo aos negociadores criar opções criativas com base na compreensão do comportamento da contraparte. Através do "viés de disponibilidade", é possível focar e apresentar apenas as condições que favoreçam o acordo. Ao introduzir muitas variáveis na negociação, a contraparte pode entrar em conflito cognitivo, o que dificulta a tomada de decisões e leva à procrastinação. Na abordagem da disponibilidade, é comum apresentar pacotes ou opções de decisão, garantindo que a contraparte dedique atenção e chegue a suas próprias conclusões com base no que foi apresentado. Isso possibilita manipular ou influenciar a contraparte em direção a uma decisão específica, mesmo que ela acredite ter o poder de escolha. Por exemplo, em cinemas, os consumidores são apresentados a tamanhos de pipoca pequena, média e grande. Através do "viés de disponibilidade", os cinemas podem influenciar a decisão dos consumidores ao simplesmente ajustar o preço da pipoca média. Se a pipoca pequena custa $5 por 300 ml e a grande $10 por 900 ml, os cinemas podem induzir os consumidores a considerar uma pipoca média de 450 ml por $9 como uma opção vantajosa, levando-os a negligenciar a pipoca pequena. O "viés de disponibilidade" apresenta poucas opções, simplificando a tomada de decisão e permitindo a manipulação de negociadores despreparados na direção desejada. Compradores experientes criam opções com base nas posições apresentadas ou trazem suas próprias opções para a negociação, garantindo uma negociação mais justa e organizada.

Quando confrontados pelos vieses de confirmação e disponibilidade, não há um gatilho emocional, apenas uma atenuação cognitiva que inibe o processamento e a associação de decisões. No entanto, através do "viés de aversão à perda", os processos cognitivos colapsam com emoção, forçando posições ou prolongando a procrastinação. Quando os negociadores adotam uma abordagem que envolve emoções, a contraparte inexperiente naturalmente busca fugir ou confrontar, instintos inconsistentes que atrapalham um acordo racional. Em negociações que envolvem processamento cognitivo, a introdução do "viés de aversão à perda" foca nas consequências negativas de não fechar o acordo, criando um gatilho mental que gera interesse em fechar o acordo para evitar possíveis desvantagens. Nesse viés, o negociador destaca as perdas possíveis e garante que a contraparte veja a oferta como uma oportunidade única, reforçando que não haverá outra chance. Além disso, a abordagem emocional de aversão à perda sugere que, se o acordo posteriormente for considerado ruim, ainda será possível voltar atrás e rever as condições acordadas. No entanto, não se espera que a contraparte volte atrás e rejeite a oferta, uma vez que a intenção de reembolso não existe. Setores como o financeiro e imobiliário fazem uso da aversão à perda, apresentando oportunidades irresistíveis e garantias, mas recorrem a processos burocráticos e procedimentos para reverter o que foi oferecido, resultando em outros acordos menos vantajosos. O "viés de aversão à perda" manipula emoções, oferecendo opções emergenciais e garantias inexistentes. Compradores experientes conhecem o mercado e entendem que oportunidades imperdíveis são raras, avaliando-as com base em análises estatísticas e lógicas, em vez de se deixarem levar pela argumentação do vendedor. A aversão à perda pode ser revertida, demonstrando ao comprador ou vendedor que a abordagem atual coloca o relacionamento em risco e resultará em perdas maiores para quem está oferecendo. Abordagens baseadas na aversão à perda devem ser eliminadas desde o início.

É importante compreender o contexto de uma negociação, onde jogadores, critérios e interesses são reconhecidos. Em negociações consideradas procrastinadoras, as expectativas variam dependendo da abordagem do negociador. No cenário "ganha-ganha", a suposição de que as pessoas entendem quando estão perdendo ou ganhando é desafiada, uma vez que a maioria dos jogadores tende a adotar uma mentalidade de jogo de soma zero. Isso torna mais fácil reconhecer um resultado vantajoso. Por outro lado, a abordagem procrastinadora altera constantemente os acordos e critérios para benefício próprio e não aceita argumentos que não o levem a um cenário "ganha-perde". Ao adotar abordagens racionais, o negociador evita armadilhas emocionais e cognitivas, além de ser capaz de identificar quando a contraparte está manipulando cenários.

[Capítulo 8] Foco e consequência

"Não é suficiente termos feito planos. Temos que executá-los."

(Winston Churchill)

Em setembro de 1992, a Inglaterra viu-se obrigada a retirar a libra esterlina do Sistema Monetário Europeu (SME), o que resultou na eliminação da taxa cambial fixa e na flutuação da moeda inglesa. A economia britânica já apresentava sinais de enfraquecimento e desafios econômicos devido aos esforços para manter a inflação sob controle. A instabilidade no Reino Unido levava à especulação no mercado financeiro e estimulava a negociação de ativos de câmbio no mercado de futuros.

A venda e compra a descoberto é uma estratégia de investimento na qual o negociador aposta na queda ou no aumento do preço de um ativo, realizando uma operação de venda futura. Essa abordagem requer um processamento de informações que exige calma emocional e capacidade analítica para escolher o momento certo de agir contra o mercado. Em 16 de setembro de 1992, ocorreu a famosa "quarta-feira negra", que ficou marcada na história do Reino Unido e projetou George Soros para o mundo. Soros, juntamente com outros negociadores, apostou contra a libra esterlina, mas George Soros, com seus 62 anos

159

na época, foi além. Ele tinha convicção de que o momento de desvalorização da libra havia chegado e alavancou suas operações de venda a descoberto por meio do Quantum Fund, uma ação que deixou sua equipe nervosa devido aos riscos envolvidos. Após a quarta-feira negra, Soros liquidou suas operações de venda de ativos, embolsando a quantia de $1 bilhão de dólares em um único dia. Pessoas próximas a Soros relatam que essa estratégia era de alto risco e gerava grande pressão, mas ele retornou para casa naquela noite como se fosse um dia comum, tamanha era sua convicção de que o Reino Unido anunciaria a flutuação da moeda. A frieza de Soros foi crucial para o sucesso do Quantum Fund, sua disciplina na análise de dados e sua abordagem racional diante de negociações de alto risco sempre foram características do seu estilo. A crise da libra inglesa foi apenas um evento em grande escala que ele soube aproveitar.

Negociadores profissionais conseguem desenvolver padrões de análise especiais e têm abordagens específicas para cada situação de negociação. Os modelos emocionais e racionais apresentados neste livro servem como base para a construção de negociações sofisticadas e criativas, lideradas por negociadores que conseguem manter um envolvimento emocional mínimo e avaliar a probabilidade e a coerência lógica de um evento específico. A tomada de decisão de um negociador segue suas próprias análises e não um roteiro passo a passo. Portanto, conceitos como MAPAN, teoria dos jogos, lógica booleana e monte carlo, assim como outras ferramentas racionais, agregam conhecimento, mas é a maneira como um negociador aplica suas habilidades que determina um resultado extraordinário.

Reconhecer a possibilidade de um "ganha-ganha" é irrelevante quando ambas as partes na mesa de negociação buscam resultados justos. Em negociações envolvendo sequestros, o foco da polícia é garantir a liberação dos reféns com vida, sendo a prisão dos sequestradores uma prioridade secundária. Nesse contexto, pode-se dizer que a negociação resultou em um "ganha-ganha". No entanto, é importante observar que valores morais e a recorrência de eventos semelhantes podem levar a uma reavaliação sobre se um sequestro deveria resultar em um "ganha-ganha". A emoção pode levar a um desejo de que os reféns saiam com vida e os sequestradores sejam presos, resultando em um conflito entre emoção e racionalidade e, eventualmente, em um cenário de "ganha-perde" que distorce o foco e complica o resultado.

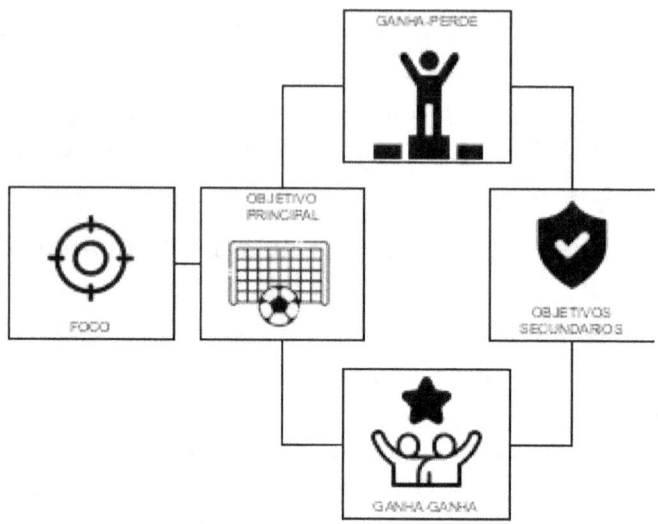

Uma negociação deve ser projetada para atender aos interesses da empresa que está sendo representada ou aos interesses individuais, desde que não envolva a manipulação de informações ou a irresponsabilidade. A busca por um "ganha-ganha" não se relaciona necessariamente à busca de um resultado em que todos saiam satisfeitos na mesa de negociação. Em vez disso, está relacionada à criação de uma estratégia coerente que estabeleça um equilíbrio, evitando possíveis retaliações por perdas futuras. Negociadores profissionais são justos e responsáveis em seu planejamento, análises e abordagens. Eles também são razoáveis em suas concessões e flexíveis, mas sabem organizar suas estratégias de forma eficaz e lidar com as perdas.

Tomar uma decisão é um processo de escolher uma opção entre várias alternativas disponíveis, com base na avaliação de informações e objetivos. O processo decisório envolve etapas cognitivas e emocionais fundamentadas na busca pela sobrevivência. Na neurociência, as decisões têm uma base científica e podem ser aprimoradas por meio do treinamento. É um processo neural que começa com a percepção e a coleta de informações, seguido pela associação de fatores relevantes adaptados ao ambiente e ao contexto. Os sentidos, como visão, audição e tato, são usados para avaliar e reconhecer a melhor decisão entre as opções disponíveis. Fisiologicamente, o processo neural processa informações, dividindo-as em fluxos intuitivos (rápidos) e cognitivos (lentos). O córtex pré-frontal deve ser treinado para criar conexões neurais que minimizem o desgaste cognitivo e preparem o indivíduo para situações adaptativas. Um processo neural bem desenvolvido e treinado permite fazer mais e melhores escolhas.

Uma negociação eficaz deve focar no principal objetivo. Para isso, o negociador precisa refletir sobre o que é importante ser acordado e o que é secundário. Uma negociação pode focar no preço, mas também pode envolver prazos e serviços adicionais. Quando várias variáveis são consideradas na decisão, o negociador precisa criar cenários que permitam consolidar o entendimento e fazer comparações. Indicadores financeiros, como Valor Presente Líquido (VPL), Taxa Interna de Retorno (TIR) e Prazo de Retorno (PAYBACK), ajudam nesse processo de consolidação.

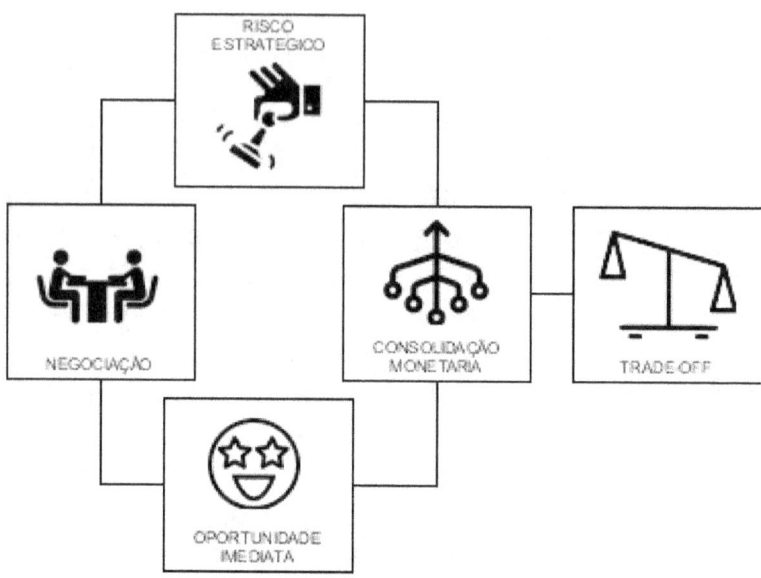

Uma negociação envolve aspectos emocionais, especialmente quando há um trade-off. O trade-off se refere a decisões em que um ganho é acompanhado por uma perda, e, como a aversão à perda muitas vezes faz com que as pessoas hesitem, é importante dispor de equações financeiras que avaliem a proposta como um todo. Em empresas verticais, o resultado de uma negociação é avaliado por autoridades que geralmente não têm acesso a todo o processo e tendem a avaliar o resultado de forma emocional. Lidar com as percepções emocionais das autoridades que não aceitam o resultado devido à insegurança deve ser minimizado por meio da transparência sobre as perdas e ganhos, bem como das opções de reversão, proporcionando maior tranquilidade ao tomador de decisões. Ao associar números às vantagens e desvantagens do resultado de uma negociação, o negociador está transformando cenários emocionais em racionais.

Negociações mais complexas envolvem a opinião pública, e, portanto, o resultado tende a não ser aceito da mesma forma por todos, sendo que aspectos emocionais podem gerar percepções negativas em relação ao desfecho da negociação. O negociador deve definir o foco desde o início, deixando claro qual é o objetivo a ser alcançado com a negociação. Isso minimiza interpretações equivocadas da opinião pública e aumenta as chances de aceitação, dado o contexto estabelecido. A influência desempenha um papel relevante no contexto da negociação, e é necessário educar os formadores de opinião e ajustar o foco com base em recomendações e expectativas. Em empresas verticais, onde os diretores têm expectativas distintas, é importante tornar o objetivo e o foco transparentes, garantindo que a expectativa principal esteja alinhada.

Em 2010, a JC Penney apresentou margens negativas pela primeira vez desde sua fundação em 1902. A empresa precisava se reinventar, especialmente devido ao crescimento do comércio eletrônico e ao sucesso da Amazon. Os acionistas buscaram um CEO com experiência em tecnologia e varejo, prevendo que essa seria a melhor escolha para o novo cenário de mercado. No final de 2011, um ex-executivo da Target e da Apple, com um histórico de sucesso, foi convidado para assumir o cargo. No entanto, o caso da JC Penney era único e delicado, pois havia pressão dos acionistas devido às perdas recorrentes, havia um gap tecnológico em relação aos concorrentes, uma cultura forjada ao longo de mais de 100 anos e um modelo de negócios bem-sucedido. A proposta do ex-executivo da Apple não se concentrou apenas em tecnologia, mas em mudanças estruturais que afetariam a cultura, os clientes e os parceiros da JC Penney, o que gerou preocupações e levou à demissão sumária da diretoria, que foi substituída. No início de 2012, foi apresentado um plano de transformação que gerou uma euforia emocional positiva no mercado, levando imediatamente ao aumento das ações da empresa. A JC Penney atendeu às expectativas emocionais dos acionistas, mas precisava provar que o plano traria resultados. No entanto, o processo decisório e a execução prejudicaram os resultados da empresa, sendo descritos pelo mercado como "um dos mandatos mais malsucedidos na história do varejo". Ron Johnson abordou o negócio da JC Penney como se fosse uma startup, não alocou adequadamente os recursos e desvalorizou os clientes fiéis e principais. Além disso, ele manipulou fornecedores e funcionários com promessas que o fluxo de caixa da empresa não permitiria.

Como CEO, Ron rejeitou o modelo de negócios da JC Penney e optou por alocar recursos na reestruturação das lojas e criar uma política de preços "justos", eliminando descontos e cupons e aumentando os preços. A reação imediata dos clientes foi de frustração e desinteresse, o que resultou na perda de receita e na destruição da reputação da JC Penney, afastando potenciais clientes. A JC Penney era conhecida por oferecer artigos de luxo de alta qualidade a preços acessíveis, mas Ron decidiu transformar a empresa em um varejista de luxo com preços inacessíveis. A comunicação da JC Penney defendia a estratégia de preços "justos", ignorando completamente os cupons de desconto. Ron eliminou uma característica essencial da empresa para seus clientes, que era a emoção de encontrar descontos em artigos de luxo, o que levou à perda de toda a base de clientes existentes. Ao longo de 2012, as vendas caíram drasticamente e continuamente, registrando uma queda de -32% em relação a 2011, marcando o pior trimestre na história do varejo. Após cerca de um ano, Ron foi afastado do cargo, mas todas as decisões não puderam ser facilmente revertidas, causando sérias consequências para a JC Penney, incluindo um colapso no fluxo de caixa e a alienação de clientes antigos e fiéis, que perderam a confiança na empresa. Funcionários e fornecedores também não viam mais a JC Penney como uma empresa promissora, o que resultou em impasses significativos em relação à eficiência e às concessões, forçando a empresa a buscar capital em bancos. Isso desencadeou uma espiral de endividamento que levou a JC Penney a decretar falência em 2020.

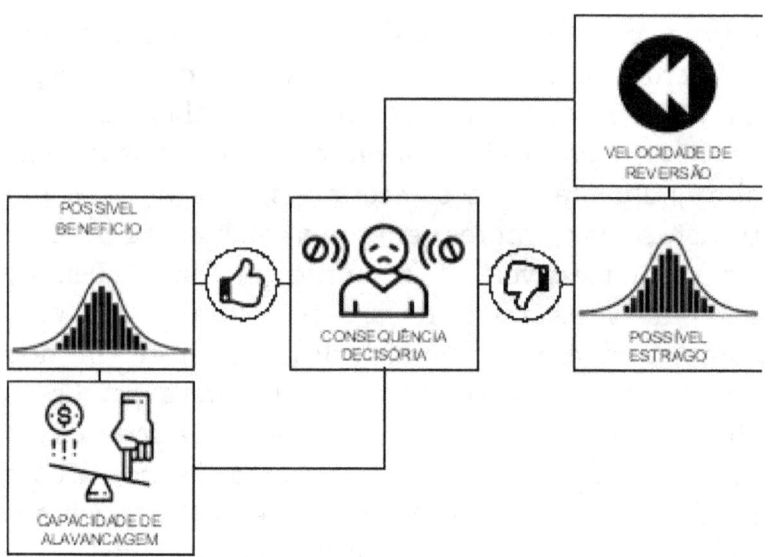

Os negociadores precisam considerar as consequências de suas ações e avançar de maneira que as pessoas compreendam os próximos passos. Forçar ou manipular ações sem entender as possíveis consequências em caso de resultados desfavoráveis expõe negativamente o plano estabelecido. Apresentar o foco e o resultado esperado cria expectativas positivas, mas quando o foco não é atendido, pode gerar frustração e colocar o negociador em destaque. É importante considerar quatro aspectos-chave que uma negociação com resultados negativos pode trazer. O primeiro aspecto é a cultura organizacional, onde se reconhecem os possíveis impactos nos comportamentos das pessoas, que dependem do resultado da negociação. Quando as consequências negativas podem afetar significativamente a cultura, é importante reconsiderar o foco. O segundo aspecto é a reputação perante os clientes, avaliando os possíveis danos e como isso pode afetar a percepção sobre a empresa, afetando a disposição para fazer negócios com ela. O terceiro aspecto é a reputação perante os fornecedores, considerando como eles veem a empresa após uma negociação malsucedida e como isso pode afetar o relacionamento comercial. O quarto aspecto é o financeiro, avaliando o impacto financeiro de uma negociação malsucedida, incluindo a possibilidade de falência da empresa em caso de um resultado extremamente negativo. Em caso de ameaça real a qualquer um desses fatores, é importante revisar cuidadosamente a negociação, reavaliando os aspectos emocionais e racionais para determinar a melhor abordagem ou abordagens para alcançar o foco estabelecido.

Uma negociação bem definida com foco estabelecido define um processo de abordagem e execução, antecipando benefícios e danos, compreendendo uma margem de atuação para o negociador. A aleatoriedade é um elemento importante, já que os ambientes mudam e as posições podem se inverter. Mesmo quando o negociador tem um foco claro e alinhado, é crucial reconhecer quando as regras do jogo são redefinidas ou quando riscos não previstos aumentam a probabilidade de um desfecho negativo. Tanto George Soros quanto Ron Jonshon poderiam ter reputações opostas se a aleatoriedade tivesse proporcionado resultados opostos à realidade. A aleatoriedade é um fator constante nas negociações, e, nesse contexto, mesmo com um foco determinado, é essencial monitorar cada etapa, garantindo que o caminho e os critérios adotados sejam válidos. A racionalidade e a estatística auxiliam os negociadores a terem dados numéricos e permitem que, diante de mudanças, o foco e a abordagem sejam revistos.

A pressão emocional pode levar os negociadores a cometerem erros, portanto, para minimizá-la, é necessário apoiar-se em fundamentos racionais e possibilidades, reconhecendo e monitorando a aleatoriedade. O negociador deve sempre considerar diferentes cenários, tanto positivos quanto negativos, e reavaliá-los à medida que a negociação avança. Concessões não planejadas podem surgir durante o processo, novas variáveis podem entrar em jogo e novas percepções e expectativas externas podem criar complexidades. Um negociador precisa compreender que os avanços não significam apenas ganhos, as perdas também fazem parte do processo, desde que contribuam para o alcance do foco estabelecido. Em um ambiente de negócios, as negociações não ocorrem de forma isolada, e falhas podem ocorrer devido à aleatoriedade e à probabilidade. No entanto, os negociadores precisam assumir riscos, desde que esses riscos não resultem em consequências desastrosas para o negócio.

Negociadores podem estar envolvidos em grandes fusões e aquisições ou serem responsáveis por categorias de compras ou segmentos de vendas. Cada contexto de negócios tem sua relevância, mas isso não determina como um negociador deve planejar suas negociações e desfechos. A pressão emocional precisa ser vista com discernimento, e um negociador deve ser cuidadoso ao abordar as contrapartes, evitando basear suas ações apenas nas expectativas das autoridades, provisões de resultados superestimados e reatividade. A negociação desempenha um papel fundamental em todos os aspectos, não apenas no resultado final. Portanto, compreender o formato da negociação por meio da teoria dos jogos, entender as manipulações emocionais e contar com modelos racionais que permitam construir percepções próprias é muito poderoso. O processamento cognitivo humano deve ser apoiado por fundamentos estatísticos para garantir que a aleatoriedade não seja uma surpresa, e, caso ocorra, o negociador deve reavaliar os novos cenários possíveis, mantendo o foco.

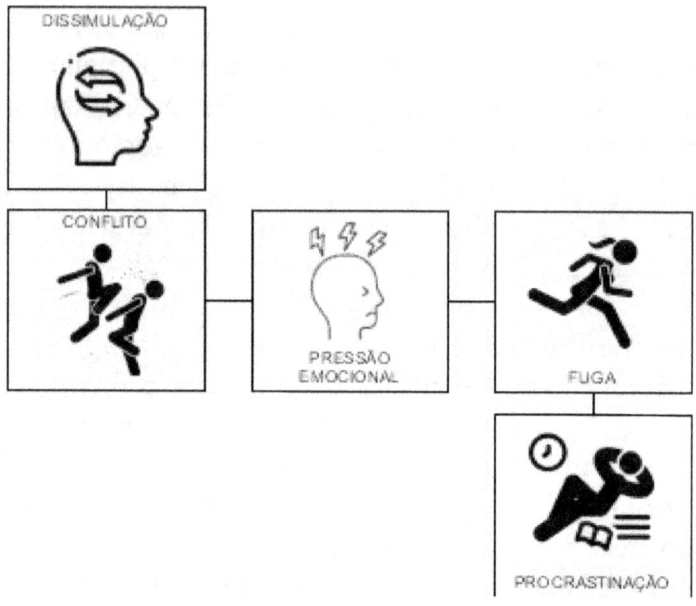

Manter o foco é uma habilidade que envolve a capacidade de dizer "não". Em uma negociação, é a capacidade de reconhecer o que é relevante, permitindo concessões em variáveis não essenciais para promover avanços. Impasses ocorrem quando variáveis relevantes são disputadas, e é nesse momento que soluções criativas podem criar novas possibilidades. O objetivo não é necessariamente alcançar um "ganha-ganha", mas sim avançar na negociação em direção ao foco estabelecido. Gatilhos emocionais, como aversão à perda e aceitação social, devem ser gerenciados, garantindo que a coerência seja mantida e evitando dissimulações futuras. Um desfecho com foco definido envolve a consideração de vários cenários, todos direcionados para o objetivo estipulado. A decisão entre as opções leva em consideração critérios econômicos e estratégicos, usando a lógica reversa para antecipar a melhor decisão.

Os casos apresentados neste livro ilustram como os negociadores abordam as contrapartes, como os desfechos são percebidos pela sociedade e quais benefícios econômicos e danos são trazidos para cada lado da mesa de negociação. Embora aspectos emocionais estejam presentes nos casos citados, é esperado que negociadores experientes baseiem suas decisões em avaliações racionais antes de fazerem propostas, concederem ou fecharem acordos. A emoção sempre será um desafio para os negociadores, pois é uma parte intrínseca da natureza humana, no entanto, é essencial reconhecer a manipulação emocional para evitar armadilhas. A emoção também desempenha um papel importante na comunicação entre as partes, o que é crucial para avançar na negociação. No entanto, uma negociação deve ser fundamentada em aspectos racionais, e é a lógica que garante um fluxo coerente, antecipando critérios, premissas e possíveis resultados. A estatística oferece uma abordagem mais profissional, antecipando tendências e padrões e permitindo que o negociador ajuste a negociação em um contexto mais amplo, associando probabilidades, riscos e medições emocionais.

O foco permanece como elemento central em uma negociação, e a teoria dos jogos permite o desenvolvimento de possibilidades e o reconhecimento das estratégias dos oponentes. Ao entender as intenções das contrapartes por meio de modelos de cooperação e conflito, o que é dito na mesa de negociação é analisado de forma racional, consolidando reações e posicionamentos em um modelo em que os jogadores revelam suas estratégias para lidar com concessões, argumentos e ofertas. A negociação não é um dom, mas sim uma habilidade que deve ser desenvolvida. Nela, associações emocionais, comunicação eficaz, planejamento lógico, compreensão das regras e consideração de cenários garantem que um negociador seja capaz de se adaptar e avançar com foco em um resultado que, mesmo diante da aleatoriedade, não resultará em consequências irreparáveis. As ferramentas disponíveis para negociação são infinitas, e abordagens criativas surgirão, mas a manipulação emocional sempre fará parte da natureza humana, ainda que disfarçada. Um negociador profissional cria seu próprio estilo de negociação, fundamentado em princípios éticos e focado no alcance de seu objetivo, sem necessariamente buscar um "ganha-ganha". Um bom negociador equilibra resultados, fundamenta seus argumentos na lógica e se adapta às emoções e condições lógicas do momento.

Sobre o Autor

Mauricio Furtado é apaixonado por solucionar problemas e enxergou a área de suprimentos como um quebra-cabeça perfeito. Sua abordagem diferenciada consegue articular negócios com criatividade, abordando aspectos operacionais, táticos e estratégicos com resultados consistentes. Mauricio teve a oportunidade de participar de centenas de negociações, algumas delas extremamente complexas.

Suas negociações cruzaram o globo, o que o possibilitou experimentar abordagens culturais, relacionamentos comerciais e o conceito de ganha-ganha para diversos profissionais de compras e vendas. Sua experiência é global, atuando sempre em empresas multinacionais com faturamento bilionário, sendo algumas líderes em seus segmentos, o que lhe permitiu compreender expectativas, abordagens e falhas comerciais ao redor do mundo, tanto de colegas como de contrapartes. Mauricio testemunhou reviravoltas e tentativas inusitadas de manipular decisões.

Sobre Hardcore

O conceito nasceu da compilação de diversas negociações ao longo de mais de 20 anos, sendo as abordagens emocionais sempre enfraquecidas pela razão. Estudar formas de adaptar-se sem deixar a emoção tomar conta do comportamento garantiu resultados e reações inesperados. A abordagem padrão de pedir desconto ou aumento, frisando uma parceria e "ganha-ganha", trouxe uma reflexão que desconstrói abordagens simplificadas, técnicas de espelhamento, empatia e controle emocional para uma abordagem técnica, onde lógica, estatística e teoria dos jogos ensinam como se comportar em ambientes inóspitos.

O hardcore visa antecipar situações, sabendo que quando o ser humano tem acesso a possibilidades, há mais chance de controle emocional. Os aprendizados adquiridos e a dedicação ao estudo de técnicas racionais não comumente utilizadas trouxeram resultados contínuos, que diferenciaram profissionais que se interessaram em se aprofundar e aplicar.

Sobre o Livro

O livro oferece uma perspectiva inovadora sobre negociação, indo além da abordagem tradicional do ganha-ganha e das técnicas emocionais. A obra aborda experimentos sérios de irracionalidade, manipulação e influência para mostrar como somos suscetíveis a erros se utilizarmos somente a emoção como guia. O livro tem foco racional e mostra, através de diversos casos, que a utilização da lógica, estatística e teoria dos jogos proporciona uma vantagem significativa em qualquer negociação.

O livro vai além ao associar procrastinação e foco em condições predominantes em relacionamentos e negociações comerciais. Nele, muitos exemplos de negociações que se tornaram públicas e empresariais são utilizados como pano de fundo para apresentar fundamentos da racionalidade em condições reais, o que possibilita ao leitor associar e interpretar suas conclusões em negociações reais, considerando que a história se repete em diferentes contextos e proporções.